江苏省高校哲学社会科学重大项目
"产学研创新联合体助推江苏数字经济核心产业加速发展的路径与对策研究"（2023SJZD007）

马永远　张文博　薛立国/著

企业社会失责媒体曝光及其经济后果：
理论与实证

Media Coverage of Corporate Social Irresponsibility and
Its Economic Consequences:
Theory and Evidence

中国财经出版传媒集团

经济科学出版社
Economic Science Press

·北京·

图书在版编目（CIP）数据

企业社会失责媒体曝光及其经济后果：理论与实证／
马永远，张文博，薛立国著．--北京：经济科学出版社，
2024.12. -- ISBN 978 - 7 - 5218 - 6508 - 0

Ⅰ. F279. 2

中国国家版本馆 CIP 数据核字第 2024W1J285 号

责任编辑：杜　鹏　张立莉　武献杰
责任校对：王京宁
责任印制：邱　天

企业社会失责媒体曝光及其经济后果：理论与实证

QIYE SHEHUI SHIZE MEITI BAOGUANG JIQI JINGJI
HOUGUO：LILUN YU SHIZHENG

马永远　张文博　薛立国/著

经济科学出版社出版、发行　新华书店经销
社址：北京市海淀区阜成路甲 28 号　邮编：100142
编辑部电话：010 - 88191441　发行部电话：010 - 88191522
网址：www. esp. com. cn
电子邮箱：esp_bj@ 163. com
天猫网店：经济科学出版社旗舰店
网址：http：//jjkxcbs. tmall. com
固安华明印业有限公司印装
710 × 1000　16 开　11.25 印张　200000 字
2024 年 12 月第 1 版　2024 年 12 月第 1 次印刷
ISBN 978 - 7 - 5218 - 6508 - 0　定价：88.00 元

前言

企业出于自身利益的考量很少主动披露其社会失责行为的信息，媒体成为披露企业社会失责行为有关信息的重要渠道。在此情形下，学术界对企业社会失责媒体曝光问题的研究方兴未艾。然而，关于企业社会失责媒体曝光对投资者反应作用的现有文献存在不一致甚至相悖的研究结论。其中更为突出的问题是，现有研究大多探究企业社会失责媒体曝光与投资者反应之间的直接关系，对于企业社会失责媒体曝光通过何种途径和机制作用于投资者反应缺乏深层次分析，这就构成了企业社会失责媒体曝光与投资者反应之间的"黑箱"问题。而这一"黑箱"问题为本书研究提供了契机。

通过梳理相关文献，本书基于利益相关者理论、信号传递理论以及归因理论，提炼出有助于打开"黑箱"的三个线索：第一，企业社会失责媒体曝光涵盖企业绿色失责媒体曝光、企业社会层面失责媒体曝光以及企业治理失责媒体曝光三个维度。关于企业社会失责媒体曝光与投资者反应关系的现有研究呈现明显的分散化特征，本书指出，系统地研究三个维度企业社会失责媒体曝光对投资者反应的影响以及影响的差别是打开"黑箱"的一个线索。第二，以往研究将企业声誉当作单一维度的概念来探讨其对企业社会失责媒体曝光与投资者反应关系的影响得出不一致的研究结论。鉴于以往研究忽视企业声誉的多维本质，有必要对企业声誉进行维度细分，以清晰了解企业声誉在企业社会失责媒体曝光背景下的作用。本书认为，将企业声誉划分为知名度和美誉度两个维度，探讨它们如何差别地影响企业社会失责媒体曝光与投资者反应的关系是打开"黑箱"的第二个线索。第三，在企业社会失责媒体曝光的作用下，基于社交媒体的投资者情绪产生，而且基于社交媒体的投资者情绪影响投资者反应。那么，明确基于社交媒体的投资者情绪在企业社会失责媒体曝光与投资者反应关系中扮演何种角色是打开"黑箱"的第三个线索。

本书的实证分析基于真实发生的企业社会失责媒体曝光的 398 个事件，从中国重要报纸全文数据库收集了 2011～2020 年中国沪深上市公司企业社会失责媒体曝光的数据，从东方财富网股吧、报刊新闻量化舆情数据库以及国泰安数据库中获取了其他变量的数据。采用事件研究法、层级回归分析法以及 Bootstrap 中介效应检验法对本书提出的 19 个假设进行了实证检验，其中 16 个假设获得了实证支持（1 个假设获得部分支持）。鉴于此，实证结果基本支持了本书所建立的概念模型，能够为面临社会失责媒体曝光的企业提供实践指导。概括起来，本书得到如下四个方面的创新性结论。

第一，提出并验证了企业绿色失责媒体曝光、企业社会层面失责媒体曝光以及企业治理失责媒体曝光均会促使投资者产生消极反应。三个维度的企业社会失责媒体曝光越多，投资者消极反应越强烈，而且与企业绿色失责媒体曝光相比，企业治理失责媒体曝光对投资者反应的消极影响较大。本书推动了三个维度企业社会失责媒体曝光研究的交叉融合，有助于形成对企业社会失责媒体曝光与投资者反应关系更为深入和系统的认识，避免只见树木不见森林情况的产生。特别地，明确了各个维度企业社会失责媒体曝光对投资者反应影响的差异，为面临不同维度社会失责媒体曝光的企业如何分配资源提供具体的操作指导。从而将企业社会失责媒体曝光的理论研究在应用层面上推进一步。

第二，提出并论证了企业声誉的知名度与美誉度维度影响企业社会失责媒体曝光与投资者反应关系的不同路径模式：企业知名度

增强了企业治理失责媒体曝光对投资者反应的消极影响；而美誉度
维度减弱了三个维度企业社会失责媒体曝光对投资者反应的消极影
响；同时，实证结果表明，当企业美誉度较低时，随着企业知名度
的提高，三个维度企业社会失责媒体曝光对投资者反应的消极影响
会增强；当企业美誉度较高时，随着企业知名度的提高，三个维度
企业社会失责媒体曝光对投资者反应的消极影响会减弱。本书响应
了学者们提出将企业声誉划分为不同维度来展开实证研究的倡导，
而且本书有助于解开企业社会失责媒体曝光背景下企业声誉作用
之谜。

　　第三，通过引入基于社交媒体的投资者情绪，分析并验证了它
对企业绿色失责媒体曝光与投资者反应关系、企业治理失责媒体曝
光与投资者反应关系的中介作用。以往研究主要关注基于社交媒
体的投资者情绪作为自变量的情况。通过探究基于社交媒体的投资者
情绪的中介作用，本书丰富了企业社会失责媒体曝光背景下基于社
交媒体的投资者情绪的文献，响应了学者们的倡导，即在研究投资
者对企业行为的反应时需要更多地关注实践中具有强大影响力的社
交媒体这一新要素的作用，从理论上拓宽了社交媒体的研究边界。

　　第四，突破以往仅仅探讨企业社会失责媒体曝光与投资者反应
之间简单、直接的线性关系机制，本书提出了一个打开企业社会失
责媒体曝光与投资者反应之间的"黑箱"，以及深入理解企业社会
失责媒体曝光对投资者反应作用机制的可行思路。从一个崭新的视
角，找出了打开"黑箱"的三大线索，并且采用利益相关者理论、
信号传递理论和归因理论解释这三个线索有助于打开"黑箱"的原
因。从而，本书不仅弥补了当前研究中缺乏有关"企业社会失责媒
体曝光与投资者反应之间黑箱问题"解决思路的缺憾，丰富和完善
了企业社会失责媒体曝光与投资者反应关系的文献，而且拓展了利
益相关者理论、信号传递理论与归因理论的运用界限，丰富了企业
社会失责媒体曝光研究的理论基础。

作者
2024 年 11 月

目 录

contents

第 1 章 绪 论

作为经济社会系统中的活动主体，企业的生存和发展离不开众多社会资源的支持，并且享有经济社会系统中的各种权利（卢代富，2002）。由于享有的权利和应当承担的责任义务往往是对等的，企业在享有社会赋予的各种权利的同时，需要承担起相应的社会责任。然而，市场经济在运行的过程中具有固有的缺陷，市场调节具有自发性、盲目性和滞后性等特征，且市场监管体制并不健全，加之企业自身又具有逐利本性，致使企业以牺牲利益相关者的利益为代价、违反道德或者法律的行为时有发生，即企业的社会失责行为频频发生（Lange and Washburn，2012；Koch-Bayram and Biemann，2024）。其中，在企业绿色责任承担方面，尽管政府为保障社会整体福利不断完善企业环境管理的法律和法规，部分企业仍然将其应该承担的绿色责任（环境责任）流于形式，甚至不惜违反与环境保护相关的法律。在企业社会层面责任履行方面，企业出于自身利益的考量越来越多地损害消费者、社区和员工等利益相关群体的利益。在企业治理责任承担方面，尽管学术界和实践界一直积极地反思现存公司治理制度的有效性，不断探寻新的公司治理机制，企业治理失灵事件依然经常发生。由此可见，企业社会失责行为涉及的内容广泛。此外，企业社会失责行为具有负外部效应，对企业的利益相关者和企业自身均存在着不利的影响（Koch-Bayram and Biemann，2024；Valor et al.，2022）。

正是由于企业社会失责行为的负面影响，企业各利益相关者对这些社会失责行为的关注度较高（Chiu and Sharfman，2016；Zhong et al.，2022）。从需求和供给理论的角度分析，利益相关者对企业社会失责行为信息的需求促使了媒体对相关行为进行报道。随着信息技术的日益进步，媒体的传播越发多元化、个性化，且具有交互性和快速性特征。通过整合和传播信息，媒体正逐渐成为具有强大说服力的信息载体。在此背景下，媒体在曝光企业社会失责问题，以及监督企业社会责任方面承担着关键性作用（Zyglidopoulos et al.，2012）。媒体对企业社会失责行为的报道日益增多。实践中，企业社会失责媒体曝光的增加促使学术界开始对这一问题进行探讨。本书以企业社会失责媒体曝光为切入点展开研究，将企业社会失责媒体曝光划分为企业绿色失责媒体曝光、企业社会层面（产品、社区和员工）失责媒体曝光和企业治理失责媒体曝光三个维度，探讨企业一类重要的利益相关者、投资者对三个不同维度企业社会失责媒体曝光的反应。更进一步地，探索"何时（调节因素）"，以及解释"如何（中介因素）"对相关文献具有非常重要的理论贡献（Whetten，1989）。因此，本书分析了企业声誉的两个维度——知名度和美誉度的差别性调节效应，探讨了基于社交媒体的投资者情绪的中介效应。

1.1 现实背景

1.1.1 企业社会失责媒体曝光的现状

随着经济的快速发展以及社会的不断进步，企业的生存与发展越来越依赖于多种资源的相互耦合，而且企业的经营活动与环境、社会的冲突日渐凸显。在此背景下，企业需要承担一定社会责任的观点于 20 世纪 20 年代应运而生（Zenisek，1979）。企业社会责任意识的产生与可持续发展的要求赋予企业全新的思考方式，企业逐步将社会责任纳入原本单纯考虑自身经济利益最大化的目标诉求体系之中（Mcwilliams and Siegel，2000）。然而，市场运行的机制存在固有缺陷，市场监管体系也并不健全，加上企业所有者和经营者的短视行为，以致企业社会失责行为在企业界屡见不鲜。由于信息不对称性普遍存在于实际的经济活动中，企业的利益相关者很难充分了解到企业社会失责行为的信息（Kulkarni，2000）。作为信息传播的载体，媒体是人们用来进行信息传递与信息获取的工具，在降低企业与其利益相关者群体之间信息不对称中扮演着重要的角色。媒体通过向各利益相关者传播信息，能够在一定程度上反映一个企业的真实发展状况，逐渐成为一个具有说服力的信息载体（Fischer and Reuber，2011；宫晓莉、徐小惠和熊熊，2024）。因此，媒体在整个行业或一个特定企业的社会失责行为中起着重要的监督作用。随着传媒行业市场机制的日趋成熟，新媒体形态的出现以及多种媒体形态的融合，媒体逐渐渗透到人们生活的方方面面，我国媒体环境呈现出信息传播渠道多元化和传播主体多元化的全新特点。新的媒体环境对企业社会失责信息曝光的影响主要体现在以下三个方面。

1. 企业社会失责的行为越发无所遁形

从需求和供给理论的观点可得，媒体倾向于根据信息使用者的需求展开报道，即媒体会选择报道那些受众关注度较高的新闻（Petkova et al.，2013）。在实践中，信息使用者往往关注与自身利益相关的企业的某些丑闻或者不当行为。因此，企业社会失责行为往往成为媒体关注的焦点。随着我国传媒行业市场竞争机制的引入和逐步完善，媒体环境的逐步优化，媒体产业迅速发展壮大。尽管与国民经济的支柱产业相比，媒体产业对 GDP 的贡献率较低，但它一直保持着快速增长的发展趋势。本书将《传媒蓝皮书：中国传媒产业发展报告（2021）》中有关媒体产业的数据绘制在图 1-1 中，并用这些数据来说明媒体产业的市场化程度与发展现状。根据图 1-1 中的数据可知，2013 年，我国媒体核心产业产值成功突破 1 万亿元，具体达到了 10637.4 亿元。至 2018 年，这一数值再度飞跃，突破 2 万亿元门槛，攀升至 21571.7 亿元。除此之外，通过纵向比较可知，从 2013～2020 年，媒体产业产值的增长率一直高于 GDP 的增长率。媒体产业的发展壮大使得传媒公司所面临的竞争越发激烈。

图 1-1 2013～2020 年媒体产业的市场状况以及 GDP 增长率

资料来源：《传媒蓝皮书：中国传媒产业发展报告（2021）》。

为了在竞争中求得生存与发展，获取经济效益，各媒体竞相报道具有市场价值的新闻，这就意味着企业隐瞒社会失责行为变得异常困难（宫晓莉、徐小惠和熊熊，2024；郑志刚、丁冬和汪昌云，2011）。

2. 企业社会失责媒体曝光的载体和受众呈现出多元化趋势

由于信息载体的多元化，信息受众的范围随之扩大。随着信息来源多样化和信息受众的增加，企业社会失责媒体曝光的影响力不断上涨。信息技术的进步催生新的媒介形态，而且我国媒体产业呈现出"百花齐放"和"百家共鸣"的景象（梁上坤，2017）。根据国家新闻出版署公布的统计数据，截至2020年，全国广播的综合人口覆盖率为99.38%，电视的综合人口覆盖率为99.59%。关于出版物的销售收入，2020年，全国新华书店系统、出版社自办发行单位出版物总销售高达3658.91亿元，金额与2019年相比增长达2.62%。根据中国互联网络信息中心（CNNIC）发布的第47次中国互联网络发展状况统计报告，截至2020年，我国网民规模高达9.89亿人，互联网普及率达70.4%。进一步地，我国的媒体产业呈现出多种媒介融合的现象，这种现象主要体现在传统的媒体形态，如报纸、电视和广播等主动与新媒体进行融合。例如，传统媒体建立了自己的新闻网站、注册了自己的微博账号以及开发手机App等。多种媒体形态的融合能够提升媒体覆盖率，丰富传播内容与传播形式，提高媒体资源的利用效率。在这种情形下，有关企业社会失责行为的媒体报道大幅度增加，报道的受众规模不断扩大，影响力随之提高。

3. 企业社会失责媒体曝光的内容更加多样化

媒体曝光的内容不断丰富，涉及企业绿色失责、社会层面失责和治理失责等各个维度。根据媒体有偏性理论，媒体为了满足受众的猎奇心理，会倾向于报道具有轰动效应的事件，这就意味着媒体并不能对企业社会失责行为进行全面的报道（Ahmad，2022；Gentzkow and Shapiro，2006）。虽然媒体有偏性是客观存在的，随着公众对信息的需求日益多样化，媒体报道的内容也随之不断的丰富。即，在新的媒体环境下，企业各类社会失责行为有了较为"公平"的被曝光机会。综上所述，随着我国媒体产业市场竞争的日益激烈，新媒体形态不断涌现以及多种媒体形态加速融合，企业在这样的媒体环境中很难隐瞒各个维度的社会失责行为，且企业社会失责行为一旦被媒体曝光，将会给企业带来诸多不利影响。因此，多个维度企业社会失责媒体曝光也就成为了具有价值的研究问题，这同时构成了本书研究的出发点。

1.1.2 企业社会失责媒体曝光的经济后果

在新古典经济学中，"经济人"的假定备受推崇。其核心论点是每个行为者的行为总是在完全理性的支配下进行（Pfouts et al.，1977）。根据"经济人"这一假定，企业最终的经营目标是取得利润最大化。与此观点不同，20 世纪 60 年代产生的利益相关者理论主张企业与其利益相关者之间存在一组复杂的显性和隐性契约（Freeman and Evan，1990），为了获取竞争优势，企业应当平衡所有利益相关者之间的需求和愿望，而不是仅仅关注股东的利益（Mishra and Modi，2016）。在这一理论的指导下，企业应该主动承担社会责任的观点得到广泛的认同和支持（Tan et al.，2024）。然而，并非所有企业均会主动承担社会责任，甚至部分企业出现了社会失责行为。正如前面所言，在实际的经济活动中，企业与利益相关者之间信息并非完全对称。由于利益相关者的注意力有限，媒体逐渐成为提供企业社会失责行为信息的重要渠道。

作为一种新兴的外部治理机制，媒体对企业社会失责的关注引发了研究者对企业社会失责媒体曝光这一问题极大的研究热情。以往的研究表明，媒体对企业社会失责的曝光会对企业的经营活动和融资活动产生影响。从企业经营活动的顺利开展方面来看，由于相关政府部门对企业具有管辖权和制裁权，当企业的社会失责行为经由媒体曝光后，其可能受到有关政府部门的介入和干预（Vallentin，2015）；消费者可能通过抵制企业的产品或者服务等市场行为来对企业施加压力，从而使得企业的销售收入减少（Valor et al.，2022）；供应商可能会终止与有关企业的合作，使得企业难以开展正常的经营活动（Zhu and Sarkis，2004）；竞争者可能趁机占领更多的市场份额（Kim，2017）。上述各种利益相关者的制裁增加了企业的经营风险。另外，社会失责媒体曝光引发机构投资者和个人投资者对涉事企业的信任度降低。机构投资者和个人投资者倾向于更加严格地约束这些企业的融资活动（Huang et al.，2018）。在这种情况下，企业的财务风险不断增加。

从以上论述可知，利益相关者对企业社会失责媒体曝光的反应会直接影响企业的经营活动和融资活动（Kölbel et al.，2017）。然而，企业具有诸多不同类型的利益相关者，其对企业社会失责信息的反应是不同的，例如，当得知企业社会失责的信息时，企业的股东关注的是企业社会失责对股票价格的影响，而企业的顾客则关注企业社会失责行为是否造成自身生命健康或者财产的损害。因此，有必要选择某一类具体的利益相关者，并研究其对企业社会失责媒体曝光产生何种反应（马永远和沈奥，2022）。此外，企业社会失责包含三个不同维度，一旦企业社会失责信息被媒体曝光，某一类型的利益相关者对不同维度的社会失责是否会产生同样的反应？这一问题的答案是否定的。由于不同维度的企业社会失责与企业的核心价值链的距离存在着差别，当从媒体处获取不同维度的企业社会失责有关信息后，某一类型的利益相关者可能会因此产生不同的反应。作为企业一类重要的利益相关者，投资者对不同维度的企业社会失责媒体曝光的反应同样也存在着差别。因此，立足于实践中普遍存在的企业社会失责媒体曝光问题，投资者对三个不同维度企业社会失责媒体曝光的反应成为亟待解决的研究话题。

1.1.3　企业社会失责媒体曝光背景下企业声誉的作用之谜

企业声誉并不是一个新的概念，然而在不同的研究背景下，它又是一个新的问题。特别是当企业遇到危机时，企业声誉问题容易引发人们更深刻的思索（Nardella et al.，2023）。在企业社会失责媒体曝光背景下，企业声誉需要给予更多的研究关注，原因之一在于企业声誉作为一种十分重要的无形资源，在企业的经营活动中扮演着十分重要的角色（Brammer and Pavelin，2006）。近年来，随着世界各国的经济联系日益紧密，市场竞争越发激烈，物质资源和财务资源对企业竞争优势获取的贡献率逐步降低。即单纯依靠资本、劳动和自然资源已经不足以使企业在激烈的市场竞争中取胜。传统的管理理论受到挑战，新形势下企业管理发展的趋势是注重无形资源的获取、运用和管理。企业声誉这一无形资源会向利益相关者传递一种重要的信号，且利益相关者会根据这一信号产生心理预期和行为倾向（Heinberg et al.，2017）。例如，良好的企业声誉有助于增强员工对企业文化的认同感，提高员工的工作积极性；提升消费者对企业产品与服务的购买意愿，增加企业的销售收入；增强企业的融资能力等。由此可见，企业声誉这种无形资源可以为企业带来诸多益处。在这种情况下，企业在实践中对自身声誉的重视度不断提升，西方的一些大型企业甚至为此设置了专门的声誉管理岗位。

　　然而，在实践领域，企业声誉的作用在企业社会失责媒体曝光背景下具有"两面性"。作为一种特殊的无形资源，良好的企业声誉在企业违反社会责任原则的行为被媒体曝光后，一方面，可能充当企业的保护伞（Kim，2014）；另一方面，良好的企业声誉可能导致企业受到更为广泛的利益相关者的制裁（Helm and Tolsdorf，2013）。由此可见，良好的企业声誉在缓冲企业社会失责行为媒体曝光威胁的同时，也可能致使企业遭受更大的经济损失，这就造成了企业社会失责媒体曝光背景下企业声誉的作用之谜。

1.1.4　企业社会失责媒体曝光作用下基于社交媒体的投资者情绪产生

　　随着信息技术的蓬勃发展，以个人为中心的新媒体形态出现，并且逐渐成为时代的宠儿。其中，作为新媒体时代的佼佼者，社交媒体是指以 Web 2.0 技术为基础的、用户可以自主创造和交换信息的平台（Li et al.，2021）。社交媒体不仅制造了人们社交生活中一个又一个热门话题，更吸引传统媒体的争相跟随（Wang et al.，2015）。社交媒体传播信息的速度、广度和深度是任何传统的信息传播渠道很难比拟的。由于具有强互动性和开放性的特点，社交媒体已经成为用户增长速度最快的互联网服务项目之一。中国互联网络信息中心（CNNIC）的调查数据显示，2020 年，社交网站整体用户覆盖率为 69.84%。

　　根据信息不对称理论的观点，企业和投资者之间存在着信息不对称。投资者是信息劣势的一方，在进行投资决策时，其具有搜寻和交换有关企业股票信息的动机（彭红枫和米雁翔，2017）。由于允许公众自由地表达个人的观点和情感，社交媒体成为投资者获取和交换信息的平台。投资者在社交媒体上搜寻和交换信息时不可避免地会产生基于社交媒体的投资者情绪（Schweidel and Moe，2014）。社交媒体的匿名特性为投资者提供了表达情绪的宽松环境，加上该平台允许用户实时地分享信息，基于社交媒体的投资者情绪能够比较准确以及及时地反映出投资者的心理变化。当面对企业社会失责媒体曝光时，投资者的心理平衡将会被打破，其进行投资决策时不确定性会提高，从而增加了投资者从社交媒体上搜寻和交换企业股票信息的动机。此时，社交媒体平台上生成的大量的反映投资者心理预期的信息，通过对社交媒体上投资者心理预期信息的分析可以很好地掌握基于社交媒体的投资者情绪（马永远和沈奥，2022）。企业绿色失责、社会层面失责以及治理失责的媒体曝光引发了基于社交媒体的投资者情绪的波动，这种投资者情绪变动可以用来预测投资者的反应。

综上所述，在当前现实经济活动中，媒体的影响力不断提升，当前多个维度的企业社会失责媒体曝光成为具有价值的研究问题。然而，由于不同维度的社会失责与企业核心价值链的距离存在着差别，不同维度企业社会失责媒体曝光将会对投资者反应产生不同的影响。更加深入地，由于企业声誉这一无形资源的重要性和特殊性，以及在企业社会失责媒体曝光的作用下基于社交媒体的投资者情绪的产生，企业声誉和基于社交媒体的投资者情绪在企业社会失责媒体曝光与投资者反应关系中扮演的角色成为不得不考虑的关键问题。

1.2　理论背景

企业社会责任在实践中的兴起激发了理论界极大的研究热情，而且现有的企业社会责任研究几乎涵盖了与企业社会责任有关的各个方面的内容（Osagie et al.，2016；刘刚、唐寅和殷建瓴，2024）。然而，现有文献对与企业社会责任紧密相关的概念——企业社会失责鲜有关注。由于企业自身很少主动披露社会失责的信息，本书以深入挖掘和探讨企业社会失责媒体曝光的有关问题为切入点。在对研究主题进行广泛的文献检索与细致的文献梳理的基础上，本书发现了现有理论研究的不足。

企业社会失责媒体曝光与投资者反应之间的"黑箱"

媒体是指用于存储和沟通信息或数据的通信平台或工具，呈现出多样化的形式，包括报纸、杂志、广播、电视、互联网以及移动网络等（Yoo and Alavi，2001）。媒体会对企业经营活动以及企业在资本市场上的表现产生一定的影响，概括起来，媒体扮演着两个方面的重要角色：其一，媒体是利益相关者获取企业信息的重要中介（逯东、付鹏和杨丹、2015；于忠泊等，2011；Hawn，2021；Zavyalova et al.，2012）；其二，媒体具有治理监督作用（孙鲲鹏和杨凡，2024；张婷婷、李延喜和曾伟强，2018；Bednar，2012；Dai et al.，2015）。在资本市场上，虽然媒体能否在公司治理中发挥作用尚且存在一定的争议，大多数学者认为无论媒体有意为之抑或无意而为之，媒体对企业的行为都起到了一定的监督作用（Dyck et al.，2008；Graf-Vlachy et al.，2020）。企业社会失责媒体曝光是指媒体对企业以牺牲利益相关者利益为代价，违反了道德或者法律，并且会给利益相关者带来负外部效应的行为的报道，主要涉及绿色、社会层面以及治理三大类型社会失责问题的媒体曝光。理论界基于不同的研究背景、研究视角与研究方法，对企业社会失责媒体曝光的问题进行了关注。例如，李和卡罗尔（Lee and Carroll，2011）通过对美国1980～2004年2家全国性报纸和7家地方性报纸中有关企业社会责任的负面报道进行了分析，研究结论指出，报纸媒体关于企业社会责任的负面报道呈现出递增趋势。罗兹和罗伊兹曼（Rozin and Royzman，2001）表明，社会公众认为负面信息远比正面信息更加有趣，为了迎合公众的心理偏好，媒体具有强烈的动机报道企业社会失责行为。

由于认知精力和能力有限，利益相关者很难对每一个企业进行监测，媒体成为提供企业社会失责信息的重要渠道（Kölbel et al.，2017）。当利益相关者通过媒体报道得知企业社会失责行为的信息时，其对企业的不满、质疑或者对立将会出现。综述已有的相关文献，本书发现，媒体报道对内部和外部利益相关者的行为反应存在着一定的影响（Zhong and Ren，2023）。对于内部利益相关者而言，当其得知企业存在社会失责的问题时，企业内部利益相关者的工作积极性和忠诚度将会受到影响（李艳君、田高良和司毅，2017）。对于外部利益相关者而言，现有研究主要关注外部利益相关者如何从媒体报道中获取企业重要的信息，从而有助于外部利益相关者作出合理的决策（Li et al.，2017；Tang and Tang，2016）。根据媒体议程设置理论的观点，通过对某个企业进行持续报道，媒体可以迅速引发投资者对该企业的关注，促使这一企业的股价发生上行或者下行的变动（Wang and Ye，2015）。因此，在企业社会失责媒体曝光的经济后果研究中，企业社会失责媒体曝光与投资者反应的关系成为学者们关注的焦点问题（Groening and Kanuri，2013）。然而，现有研究对这一问题的研究结论不一（Orlitzky et al.，2003）。例如，贝瑞和豪（Berry and Howe，1994）的研究表明，媒体有关资本市场的金融报道对投资者反应的影响不显著。而泰特劳克（Tetlock，2007）通过对《华尔街报纸》上"每日一栏"的信息进行内容分析，发现负面的媒体报道与股票价格下行的压力有关。这就意味着企业社会失责媒体曝光和投资者反应的关系是一个"黑箱"问题。通过文献综述，本书发现，现有研究为打开企业社会失责媒体曝光与投资者反应之间的"黑箱"进行了大量的努力，提供了一些隐晦的线索。比如，部分学者基于不同的企业社会失责媒体曝光维度对企业社会失责媒体曝光与投资者反应的关系进行了验证。另有一些现有文献将企业声誉引入企业社会失责媒体曝光背景下进行研究。此外，一些学者倡导在研究投资者对企业社会失责媒体曝光的反应时，需要考虑实践中被投资者广泛认可和采用的社交媒体这一新兴的信息交换平台的作用（Booker et al.，2023）。本书接下来将对以往研究提供的打开"黑箱"的线索进行分析，并试图将这些线索整理出来。

（1）三个维度企业社会失责媒体曝光与投资者反应

现有研究通常关注三个维度企业社会失责媒体曝光中的一个维度与投资者反应之间的关系，产生了许多有益的研究见解。例如，就企业绿色失责媒体曝光与投资者反应关系而言，部分投资者对涉及环境污染的企业产生负面的反应，当有关企业的绿色失责行为信息被投资者得知时，绿色投资者将会减少对这些企业的投资（Heinkel et al.，2001）。马永远和沈奥（2022）的研究表明，投资者会对企业绿色失责媒体曝光产生消极的反应。就企业社会层面失责媒体曝光与投资者反应关系而言，欧阳等（Ouyang et al.，2018）以中国上市公司为研究对象进行实证研究，研究指出，证券市场对企业安全生产事故的披露产生负面反应。肖红军、张俊生和曾亚敏（2010）探讨了资本市场是否对企业社会责任负面事件作出经济惩罚，研究结果表明，在新兴市场中，资本市场尚未很好地发挥对公司社会责任负面事件的经济惩罚作用，而发达资本市场对公司社会责任负面事件的经济惩罚作用较为显著。就企业治理失责媒体曝光与投资者反应关系而言，阿曼（Aman，2013）采用日本股市和媒体报道的数据来研究股票价格波动和媒体报道之间的关系，研究结果表明，新闻媒体报道的内容会引发公司股票价格波动。俞欣、郑颖和张鹏（2011）研究发现，企业治理失责媒体曝光会导致企业股票价格大幅下跌。

需要强调的是，现有研究虽然对三个维度企业社会失责媒体曝光与投资者反应之间的关系均有探讨，然而，这些研究结论不一，而且现有研究分散化地探究了单个维度企业社会失责媒体曝光对投资者反应的影响。在理论上，分散化的研究很难使我们形成对企业社会失责媒体曝光与投资者反应关系的系统化认识，造成只见树木不见森林的情况。在实践上，这种分散化研究容易使企业仅仅重视某种类型的企业社会失责媒体曝光，而忽视其他类型的企业社会失责媒体曝光。另外，投资者并非对所有的企业社会失责信息产生同样的反应。比如，格罗宁和卡努里（Groening and Kanuri，2013）指出，投资者对企业社会失责的反应取决于其认为企业的某种失责行为与企业核心价值链的关系。杨继生和阳建辉（2017）指出，由于利害关系存在差异，投资者会选择性关注企业失责的行为。忽略投资者的选择性反应机制，笼统地探讨企业社会失责媒体曝光对投资者反应的影响可能得出不准确甚至截然不同的研究结论。鉴于此，本书认为，将企业社会失责媒体曝光分为不同维度，研究不同维度对投资者反应的影响以及影响的差别是打开"黑箱"的一个重要线索。

（2）企业声誉在企业社会失责媒体曝光背景下的利弊之争

企业声誉是指利益相关者依据公司过去的行为和未来的前景而对企业产生的认知和情感评价（Von Berlepsch et al.，2024）。随着企业声誉的重要性得到普遍的认可，有关的研究逐渐增多。比如，现有研究指出，良好的声誉能够提高企业人力资源管理的能力，增强客户的忠诚度，增加供应商的承诺，有助于企业在激烈的市场竞争中获取优势地位（Walsh et al.，2009）。企业声誉是利益相关者基于其接收的有关企业行为的信息形成，由此，无论是企业自身还是其他信息渠道传递的有关企业行为的信息，均会影响利益相关者对企业的认知和情感判断，从而作用于企业声誉。当企业有违道德或者法律的行为通过媒体这一渠道传递给利益相关者时，对于涉事企业，利益相关者将会产生不信任的态度以及负面的评价。而且这种不信任的态度以及负面的评价必然会对企业的形象和声誉产生一定损害。在此情形下，企业声誉往往被看作企业社会失责的重要结果变量。由于企业声誉在一定程度上反映了利益相关者对一个企业的熟识和认可程度，其也会影响利益相关者对企业行为的反应。由此，当企业社会失责行为被媒体曝光后，企业声誉在利益相关者的反应中是一个不可忽略的前置因素（Nardella et al.，2023）。

以往的研究对企业声誉作为自变量和因变量的情况均有涉及。然而，企业声誉对企业社会失责媒体曝光与投资者反应的关系存在怎样的影响？关于这一问题的研究结论仍然存在着争议。例如，戈弗雷等（Godfrey et al.，2009）指出，企业积累的良好声誉有助于投资者进行积极归因，缓和投资者对企业的负面判断和制裁。而库姆斯和霍拉迪（Coombs and Holladay，2006）认为，企业先前积累的声誉并没有在危机情境中产生光环效应。企业社会失责媒体曝光研究背景下企业声誉的利弊之争在某种程度上表明此背景下企业声誉的作用机理仍不清晰，随着企业社会失责媒体曝光的深入发展以及企业声誉的重要性日渐提升，企业声誉对企业社会失责媒体曝光与投资者反应关系的作用机理亟须进一步深入、系统的研究。因此，本书提出厘清企业声誉对企业社会失责媒体曝光与投资者反应关系的影响是打开"黑箱"的第二个线索。

（3）基于社交媒体的投资者情绪在企业社会失责媒体曝光背景下的作用

投资者情绪是指投资者对未来现金流和资产投资风险的预期，但是这种预期并不能充分反映当前的事实（易志高和茅宁，2009）。投资者情绪的产生不仅基于企业资产的基本面，而且与投资者个人特征的情况息息相关。因此，投资者情绪的存在表明，投资者的决策和行为并非完全理性。以往的研究表明，企业社会失责媒体曝光对投资者情绪产生一定的影响。比如，加西亚（Garcia，2013）表明，投资者情绪的评价指标可以通过对媒体报道进行分析来构建。邹静和童中文（2015）通过对中国14家上市银行2007~2013年的季度面板数据进行实证检验，研究表明，媒体报道数量对投资者情绪存在着负向影响。需要指出的一点，甚少有研究将企业社会失责媒体曝光与基于社交媒体的投资者情绪联系起来。社交媒体是基于互联网产生的，可供人们用来分享意见与观点的工具和平台。其显著特征是互动性、时效性和便捷性。随着社交媒体对人们生活方面面的影响加深，其吸引了众多投资者在社交媒体交流和分享有关企业股票信息（Oliveira et al.，2016）。投资者在社交媒体上搜寻和交换信息时不可避免地产生基于社交媒体的投资者情绪。尤其当企业社会失责被媒体曝光后，投资者从媒体处获得的信息可能与其以往积累的信息存在着差别，其心理平衡将会被打破。此时，投资者具有较强的动机在社交媒体上搜寻和交换信息。基于这一逻辑，在企业社会失责媒体曝光的情形下，基于社交媒体的投资者情绪产生。

根据行为金融学的观点，投资者的决策和行为并非完全理性，投资者情绪会影响投资者反应。与企业社会失责媒体曝光对基于社交媒体的投资者情绪的影响得到甚少研究关注不同，基于社交媒体的投资者情绪与投资者反应的关系得到了众多的研究关注。例如，苏尔、丹尼斯和原（Sul et al.，2017）通过对推特（Twitter）上投资者情绪的分析发现基于 Twitter 的投资者情绪会影响股票价格。张信东和原东良（2017）的研究表明，投资者在社交媒体上表现出的情绪在一定程度上可以预测股票价格。媒体报道的语言影响投资者情绪，从而作用于股票的价格波动（马永远和沈奥，2022；Das and Chen，2007）。本书指出，基于社交媒体的投资者情绪可能会在企业社会失责媒体曝光与投资者反应的关系中扮演一定的角色，明确基于社交媒体的投资者情绪在以上关系中扮演何种角色是打开"黑箱"的第三个线索。

通过现实背景与理论背景的分析，本书发现，我国面临社会失责媒体曝光的企业需要以下三个方面的理论指导：（1）深入剖析不同维度的企业社会失责媒体曝光对投资者反应的影响。这将有助于指导企业重视不同维度的社会失责媒体曝光，并根据企业自身的资源状况进行资源配置以对不同维度的社会失责媒体曝光进行应对。（2）分析企业声誉如何作用于企业社会失责媒体曝光与投资者反应之间的关系。这将有利于企业判断在社会失责媒体曝光的背景下应该如何进行声誉管理。（3）探讨企业社会失责媒体曝光如何通过基于社交媒体的投资者情绪作用于投资者反应。这将提升企业对社交媒体的重视，给企业在社会失责媒体曝光的背景下如何监测、应对基于社交媒体的投资者情绪提供了指导。

1.3 理论基石

本书所运用的理论包括利益相关者理论、信号传递理论以及归因理论。当企业社会失责这种信号通过媒体这一渠道传递给利益相关者时，利益相关者可能会根据这种信号、个人价值观念和行为动机来建立对社会失责行为的归因，进而产生行为反应。鉴于此，利益相关者理论、信号传递理论与归因理论可以很好地解释投资者对三个维度企业社会责任媒体曝光的反应以及反应的差别。而且利益相关者不仅依赖于被曝光的企业社会失责信号来进行归因，企业声誉以及基于社交媒体的投资者情绪均会影响利益相关者对企业社会失责行为的归因。

1.3.1 利益相关者理论

"利益相关者"一词的正式提出可以追溯至 1965 年安索夫（Ansoff）所著的《公司战略》一书中。安索夫（1965）认为，企业目标的达成依赖于众多利益相关者的支持。传统的公司治理理论大多立足于物质资本所有者的利益，即股东团体的利益，遵循着"股东本位（shareholder primacy）"的逻辑，将追求"股东财富最大化"作为企业目标（Gordon and Pound，1993）。然而，片面追求股东利益最大化的弊端之一是企业忽视其应该承担的社会责任，进而对其他利益相关者的利益产生损害，最终也将影响企业自身的可持续发展。利益相关者理论认为，企业不仅需要关注股东团体的利益，为了获取竞争优势，企业应平衡所有利益相关者之间的需求（Mishra and Modi，2016）。随着利益相关者理论的提出以及众多学者对其的不断完善，企业社会责任的研究有了坚实的理论支持。例如，梅拉伊等（Mellahi et al.，2016）通过回顾和总结 2000～2014 年顶级学术期刊上关于企业非市场战略的文献，探讨了企业社会责任研究常用的理论，研究结果发现，利益相关者理论是研究企业社会责任问题最常用的理论。

利益相关者具有多样化的特征，主要包括股东、管理者、员工、政府、供应商、客户、当地社区、媒体以及竞争者等（鲁晓玮等，2006；Freeman et al.，2007）。企业的成功很大程度上取决于其是否能够满足众多利益相关者的期望。从这个角度来看，由于企业社会失责损害了利益相关者的利益，企业社会失责媒体曝光会增加利益相关者（投资者、消费者、供应商、政府、非政府组织等）对企业的不满、对立甚至是制裁（Kölbel et al.，2017）。基于利益相关者理论，投资者一旦知晓企业社会失责的信息，其必然产生情感和行为反应。由于在一定程度上反映了投资者对一个企业的熟识和情感认知程度，企业声誉会影响企业社会失责媒体曝光与投资者反应之间的关系（Love and Kraatz，2017）。此外，当面临企业社会失责媒体曝光时，企业的一类重要的利益相关者、投资者通常会选择社交媒体平台进行企业信息的搜寻和交换，基于社交媒体的投资者情绪产生。而且基于社交媒体的投资者情绪会影响投资者反应。遵循这一逻辑，基于社交媒体的投资者情绪在企业社会失责媒体曝光与投资者反应的关系中起着一定的作用。

1.3.2 信号传递理论

信号传递理论的起源与逆向选择问题密不可分。方世建和郑南磊（2001）指出，信息不对称性引发逆向选择问题。以二手车买卖为例，由于市场上的交易双方关于车的质量掌握的信息不对称，换句话而言，关于车的质量的信息，卖方掌握的信息较多，买方则掌握的信息较少。买卖双方经过一系列博弈，可能会导致劣质的商品在市场中交易成功，而优质的商品则退出市场，这就是逆向选择问题。斯彭斯（Spence，1973）以劳动力市场为例，提出了解决逆向选择问题的方法，即处于信息优势地位的一方可以通过传递某种信号来显示自己具备岗位所需的能力，处于信息劣势地位的一方可以通过信息优势一方传递的信号来进行决策。对于投资者来说，媒体曝光的企业社会失责行为相当于一种信号，投资者会根据这种信号作出决策。进一步地，企业声誉和基于社交媒体的投资者情绪本身具有信号的功能，这两种信号亦会影响投资者反应。

1.3.3 归因理论

归因理论起源于社会心理学领域，其首先被应用于认识和理解人类的社会行为（Kelley and Michela，1980；张爱卿，2003）。归因是指个体对他人或者自己某种行为产生的原因的感知或者推断。归因理论是指个体会寻找某种行为产生的背后原因，根据寻找到的原因来解释行为，这些解释将决定个体采取何种反应。一个完整的归因模型涵盖三个方面的内容：归因的影响因素、进行归因、归因产生的结果（Coombs，2007）。归因的影响因素包括个体所掌握的信息、个体的价值观念以及行为动机。归因产生的结果包括因为归因而产生的情绪、行为反应以及期望。

经过几十年的发展，归因理论已经逐渐应用于多个学科领域（Coombs and Dejoy，1994）。该理论在管理领域的运用也十分广泛，例如，在人力资源管理领域，归因理论已经被应用于研究企业员工的工作绩效，而且在营销管理领域，该理论也被用于研究消费者行为（王建明和贺爱忠，2011）。除此之外，学者们认为，在危机管理的研究中也可采用该理论（Coombs，2007）。当企业社会失责行为被媒体曝光后，投资者会根据个人的动机以及所掌握的信息对社会失责行为进行归因判断，紧接着产生情绪反应，最终会影响其行为。在本书的研究情境中，投资者会根据媒体曝光的信息、企业声誉、个人价值观念和行为动机来建立对社会失责行为的归因，进而产生行为反应。

1.3.4　三个理论视角整合的必要性

随着企业社会失责媒体曝光的不断增加以及影响力的不断提升，学者们开始采用一系列理论视角来对企业社会失责媒体曝光这一复杂的现象进行阐释。然而，本书发现现有的理论中没有哪一个理论能够完全解释与企业社会失责媒体曝光有关的所有问题。就本书而言，在打开企业社会失责媒体曝光与投资者反应之间的"黑箱"时，本书先考虑的是三个维度企业社会失责媒体曝光对投资者这类重要的利益相关者的影响，在这一问题中，涉及利益相关者理论。然后，本书考虑引入企业声誉这一概念来打开"黑箱"。由于企业声誉是建立在利益相关者对企业过去行为的认知和评价基础之上，而且企业声誉对投资者而言是一种信号，此时，信号传递理论进入我们的视野。此外，在实践和理论的共同作用下基于社交媒体的投资者情绪被引入本书的理论模型。基于社交媒体的投资者情绪反映了投资者的一种心理预期，这种心理预期会影响投资者的归因活动，从而影响其反应，此时，归因理论进入我们的视野（Godfrey et al.，2009）。需要强调的是，投资者这类利益相关者还依赖于媒体曝光的企业社会失责信号、企业声誉这一信号来进行归因。由此可见，利益相关者理论、信号传递理论与归因理论交叉融合在本书的研究中。本书认为，这三个理论中的任何一个并不能很好地解释本书的研究问题，将三个理论整合起来有助于对本书的研究问题进行深入的探讨。

1.4　现有文献的局限性

通过以上详细的论述，企业社会失责媒体曝光对投资者反应的作用机制有关问题具有重要的现实和理论意义。虽然国内外不少学者对这一问题进行了卓有成效的研究，并且取得了许多有益的见解。然而，现有研究仍存在一些不足之处，这就为本书研究提供了契机。本书将现有文献的不足总结成以下四个方面。

第一，由于企业社会失责的理论研究尚处于起步阶段，主要集中在概念界定、理论框架的搭建与完善等概念性工作上，企业社会失责媒体曝光的现有研究十分有限，而且有关的研究呈现出明显的"分散化"特征。企业出于自身经济利益的追求，很少主动向利益相关者披露其社会失责行为。作为重要的外部监督渠道，媒体成为披露企业社会失责信息的重要渠道，企业社会失责媒体曝光这一问题也相应地得到学术界和实践界的关注。通过文献综述，本书提出企业社会失责媒体曝光包括企业绿色失责媒体曝光、企业社会层面失责媒体曝光和企业治理失责媒体曝光三个维度的内容（Carroll et al.，2016）。现有文献分散地关注企业绿色失责、企业社会层面失责和企业治理失责的媒体曝光的有关问题，这种分散化状况至今仍然没有得到重视。虽然分散地研究在一定程度上能够丰富企业社会失责媒体曝光的理论研究，以及为面临某种类型社会失责媒体曝光的企业提供指导。然而，正如前面曾提及的，分散化的研究在理论上造成只见树木不见森林的情况，在实践中，这种分散化研究容易使企业忽视某种尚未得到充分关注的企业社会失责媒体曝光。简而言之，分散化的研究未能充分揭示企业社会失责媒体曝光问题，无法形成对有关问题的系统化认识，这就意味着相关研究存在巨大的理论探索空间。

第二，企业社会失责媒体曝光与投资者反应之间的关系至今模糊不清（Ma and Xue，2023）。在企业社会失责媒体曝光的经济后果的现有研究中，利益相关者对企业失责媒体曝光的反应常常成为关注的焦点（Antonetti and Maklan，2016）。由于立场和利益诉求点不同，不同类型的利益相关群体对企业社会失责媒体曝光的反应存在着差异，所以有必要选择具体的利益相关群体进行研究，本书选择的利益相关群体是投资者。格罗宁和卡努里（Groening and Kanuri，2016）指出，不同维度的社会失责与企业核心价值链的距离存在着差别，这就意味着不同维度社会失责对企业经营状况存在不同的影响，由于公司的经营状况对股票的价格具有重要的影响，投资者会对不同维度社会失责信息形成不同的预期。因此，忽略投资者对三大维度企业社会失责媒体曝光的反应以及反应的差别，粗略地分析企业社会失责媒体曝光与投资者反应的关系可能得出不准确甚至误导性的结论。

第三，在企业社会失责媒体曝光背景下，现有研究关于企业声誉的作用存在着利弊之争，这在某种程度上意味着企业社会失责媒体曝光背景下企业声誉的作用机理仍不清晰（马永远和沈奥，2022；Wei et al.，2017）。通过文献综述，本书指出，导致这一争论的可能原因之一是以往许多研究将企业声誉当作一维的概念。虽然，许多关注企业声誉的学者已经呼吁将企业声誉划分为不同的维度来展开实证研究，然而，这一呼吁却没有得到很好的回应，这就可能导致企业社会失责媒体曝光背景下企业声誉作用的利弊之争愈演愈烈。

第四，现有研究缺乏对企业社会失责媒体曝光背景下基于社交媒体的投资者情绪这一因素的深入研究（Ramassa and Fabio，2016）。学者们呼吁在研究企业社会失责媒体曝光与投资者反应关系时，应该将社交媒体这一因素考虑进来。当面对企业社会失责媒体曝光时，在实践中，投资者运用社交媒体平台来搜寻和交换企业信息，基于社交媒体的投资者情绪形成。在理论中，企业社会失责媒体曝光引发投资者产生心理失衡，从而影响基于社交媒体的投资者情绪。实践和理论均表明，企业社会失责媒体曝光与基于社交媒体的投资者情绪紧密相连。而且行为金融学的观点认为，基于社交媒体的投资者情绪对投资者反应产生一定的作用（胡志浩和刘倩，2022）。综述已有的研究，基于社交媒体的投资者情绪与投资者反应之间的关系得到了较为充分的关注。即基于社交媒体的投资者情绪作为自变量的情况得到了众多学者的关注。对于企业绿色失责媒体曝光、企业社会层面失责媒体曝光或者企业治理失责媒体曝光可能通过基于社交媒体的投资者情绪这一因素作用于投资者反应的研究关注较少。

1.5　研究问题、思路以及意义

1.5.1　研究问题的提出

正如前面所述，企业社会失责媒体曝光与投资者反应之间存在着一个尚未打开的"黑箱"。深入分析企业社会失责媒体曝光影响投资者反应的具体路径和内在机理有助于打开这一"黑箱"。对此，国内外学者展开大量的研究，得到了许多有益的见解，同时也留下了一些亟待解决的问题。针对现有研究的不足，本书的研究目标是根据三个打开"黑箱"的线索，拟解决以下四个方面的问题。

第一，企业社会失责媒体曝光是个多维度的概念，涉及绿色、社会层面以及治理三个方面的内容。企业绿色失责媒体曝光、企业社会层面失责媒体曝光及企业治理失责媒体曝光属于非定期事件，投资者对这些非定期事件必然产生一定的反应。那么，投资者对三个维度企业社会失责媒体曝光产生何种反应？即三个维度企业社会失责媒体曝光与投资者反应之间存在正向还是负向的相关关系？

第二，由于不同维度的企业社会失责与企业的核心价值链的距离存在着差异，这就意味着不同维度社会失责对企业经营状况存在不同的影响。格罗宁和卡努里（Groening and Kanuri，2016）指出，由于公司的经营状况对股票的价格具有重要的影响，投资者会对从媒体处获取的不同维度社会失责信息形成不同的预期，这也是造成企业社会失责媒体曝光与投资者反应关系模糊不清的一个原因。那么，三个维度企业社会失责媒体曝光如何差别性地影响投资者反应？

第三，企业声誉是一个多维度的概念，包含企业知名度维度和企业美誉度维度（Wei et al.，2017）。正如前面所述，以往的研究将企业声誉当作单一维度的概念来探讨其对企业社会失责媒体曝光与投资者反应关系的影响并得出不一致的研究结论。本书提出，同时考虑企业声誉的知名度和美誉度维度可以在一定程度上解释企业声誉在企业社会失责媒体曝光背景下的利弊之争。那么，企业声誉的知名度和美誉度维度如何差别地影响企业社会失责媒体曝光与投资者反应的关系？

第四，相关文献的回顾表明，企业社会失责媒体曝光如何影响投资者反应这一问题需要进一步探讨。在企业社会失责媒体曝光作用下，基于社交媒体的投资者情绪产生，而且基于社交媒体的投资者情绪影响投资者反应。那么，基于社交媒体的投资者情绪在企业社会失责媒体曝光与投资者反应的关系中扮演何种角色？

1.5.2　研究思路

鉴于企业社会失责媒体曝光对投资者反应的内在作用机制尚不清晰，本书在前人研究的基础上，通过对现实背景以及现有文献进行分析，找出理论研究的局限性以及提出本书的研究问题。以利益相关者理论、信号传递理论以及归因理论为基础，本书深入企业社会失责媒体曝光与投资者反应之间的"黑箱"，揭示其产生与形成的机理。在此基础上，构建了本书的理论模型，提出了研究假设。在提出以上理论模型与研究假设以后，本书收集了真实发生的企业社会失责媒体曝光的相关数据，通过事件研究法、层级回归分析法以及Bootstrap 中介效应检验法对本书提出的假设进行实证检验，得出研究结论，提出研究的理论贡献和实践意义。

本书将企业社会失责媒体曝光与投资者反应之间的"黑箱"以及一个尝试的解决方法绘制于图 1 - 2 中。本书逐步深入，环环相扣，尝试将企业社会失责媒体曝光划分为三个维度，分析投资者对三个维度企业社会失责媒体曝光的反应以及反应的差别。考虑到投资者反应受到众多因素的影响，比如，企业特征以及投资者自身的特征均会作用于投资者反应。在不同的情形下投资者可能会产生不同的反应。本书将企业声誉的知名度和美誉度维度和基于社交媒体的投资者情绪引入企业社会失责媒体曝光与投资者反应的作用机制中。

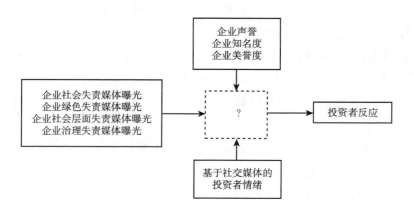

图 1 - 2　企业社会失责媒体曝光与投资者反应之间的"黑箱"及解决尝试

1.5.3　研究意义

本书的研究具有重要的理论贡献和实践意义，主要体现在以下几个方面。

惠藤（Whetten）于 1989 年详细论述了什么构成了一个研究的理论贡献（Whetten，1989）。参考惠藤（Whetten，1989）的观点，本书的理论贡献主要体现在以下四个方面。

第一，本书通过对企业社会失责媒体曝光有关实践和理论的详细总结，梳理出与企业社会失责媒体曝光紧密相连的研究话题。在此基础上，基于利益相关者理论、信号传递理论和归因理论，本书系统地将三个维度企业社会失责媒体曝光、投资者反应、企业声誉以及基于社交媒体的投资者情绪整合到一个理论框架中。这不仅有助于全面深入地了解社会失责媒体曝光问题，而且拓展了利益相关者理论、信号传递理论与归因理论的运用界限，为这三个理论在企业社会失责媒体曝光研究中深化发展作出贡献。

第二，以往企业社会失责媒体曝光的研究呈现"分散化"特征，单独研究企业社会失责媒体曝光的三个维度或者笼统分析企业社会失责媒体曝光对投资者反应的影响，将导致研究结论不准确或者失之偏颇，很难形成对相关问题的系统认识。本书根据以往的研究将企业社会失责媒体曝光分为企业绿色失责、社会层面失责与治理失责媒体曝光三个维度，并将这三个维度整合在一起进行研究，系统地探讨了投资者对不同维度社会失责媒体曝光的反应以及选择性反应。因此，本书研究结果，有助于进一步完善企业社会失责媒体曝光经济后果的理论框架，深化了企业社会失责媒体曝光与投资者反应关系的研究。

第三，以往关于企业社会失责媒体曝光背景下企业声誉作用的研究结论存在着利弊之争。本书通过将企业声誉分为企业知名度和企业美誉度两个维度，探讨了企业知名度和企业美誉度对三个维度企业社会失责媒体曝光与投资者反应关系的影响。本书的研究结果不仅有助于阐明企业社会失责媒体曝光背景下企业声誉作用利弊之争出现的原因，而且通过界定三个维度企业社会失责媒体曝光与投资者反应关系发生作用的边界条件，可以解释三个维度企业社会失责媒体曝光对投资者反应的不同影响（正向、负向或者不相关的影响）。

第四，企业社会失责媒体曝光对投资者反应影响的现有文献很少关注基于社交媒体的投资者情绪这种新要素。因而，在研究投资者行为时，学者们需要更多地关注实践中具有强大影响力的社交媒体这一新要素的作用（Booker et al.，2023）。通过对基于社交媒体的投资者情绪的研究进行文献综述，本书指出，由于社交媒体在我国的应用起步较晚，国内研究者对基于社交媒体的投资者情绪的研究尚处于萌芽阶段，有关研究并不全面、不系统。本书将基于社交媒体的投资者情绪引入了企业社会失责媒体曝光与投资者反应的关系中，一方面，有助于打开企业社会失责媒体曝光与投资者反应关系的

"黑箱"，深入了解企业社会失责媒体曝光对投资者反应的作用机制；另一方面，有助于丰富基于社交媒体的投资者情绪的研究文献，拓宽了社交媒体的研究界限。

在实践上，第一，随着信息时代的到来，媒体的力量不断发展壮大，大众传媒对人们生活的影响越来越深刻，涉及社会失责行为的企业将无所遁形（马永远和沈奥，2022）。对于企业而言，投资者反应直接影响企业获取权益资本的成本。企业社会失责行为在我国频频被曝光，相关信息传播迅速。但是，理论研究的滞后使得企业管理者对企业社会失责媒体曝光的重视力度不够，在制定企业战略时忽视企业社会失责，而且当媒体对企业社会失责行为曝光后依旧不及时采取措施应对。明确投资者对不同维度企业社会失责媒体曝光的反应，不仅有助于企业了解并重视各个维度的企业社会失责媒体曝光，而且使其认识到各个维度的企业社会失责媒体曝光均会触发投资者产生消极的反应。企业管理者可以通过本书研究的结论来预测企业社会失责媒体曝光可能带来的后果，提高决策制定的质量。

第二，本书有助于企业管理者在面临不同类型的企业社会失责媒体曝光时针对性地制定投资者沟通战略。探讨投资者对不同维度企业社会失责媒体曝光的选择性反应，为企业针对不同的企业社会失责媒体曝光采取不同的战略反应提供理论指导。由于企业治理失责媒体曝光对投资者行为影响最强，企业应分配更多的资源来应对企业治理失责媒体曝光问题，企业管理者可以有意识地利用现有的信息渠道将对企业有利的信息传达给投资者，比如，将企业已经及时采取措施对相关失责进行了补救的信息传递给投资者，增强投资者的信心，争取重新获取投资者的支持。

第三，本书对提升企业声誉管理水平，特别是对提升媒体负面报道下企业声誉管理水平具有重要的现实意义。企业在面临社会失责媒体曝光时，企业美誉度具有潜在的抵抗风险的价值，起着保护伞的作用。而企业知名度在企业治理失责媒体曝光背景下则可能成为一种负担，放大负面事件的不利影响。由此，企业在声誉的塑造和维护过程中必须谨慎处理好企业知名度与美誉度的关系。

第四，本书指出，并通过实证检验表明企业社会失责媒体曝光会通过基于社交媒体的投资者情绪影响投资者反应。这就建议企业在面临企业社会失责媒体曝光时应该注重管理基于社交媒体的投资者情绪。随着 Web 2.0 技术的快速发展，社交媒体打破了投资者之间沟通的地域和时间限制，投资者通过社交媒体可以实时地与他人交流证券市场和个股信息（Booker et al.，2023）。不同渠道的信息通过社交媒体对信息的裂变功能在投资者群体中快速传播，从而影响投资者的决策行为。当面对企业社会失责媒体曝光时，通过分析社交平台投资者生成内容可以反映其情绪信息，从而能够用来预测其行为反应。因此，在面临不同维度的企业社会失责媒体曝光时，企业应该监测基于社交媒体的投资者情绪，及时地对社交媒体平台上的负面情绪进行应对。

1.6 本书的结构安排

1.6.1 研究方法

本书将规范研究方法与实证研究方法结合起来展开研究。

1.6.1.1 规范研究法

本书基于 Web of Science、EBSCOhost、ABI/INFORM Complete-ProQuest 和中国知网（CNKI）等数据库平台，以企业社会失责、投资者反应、媒体曝光、企业声誉、社交媒体、投资者情绪以及基于社交媒体的投资者情绪为关键词系统检索了相关的中英文文献。在文献检索的基础上，本书梳理了与企业社会失责媒体曝光有关的理论，重点明确企业社会失责媒体曝光、投资者反应、企业声誉以及基于社交媒体的投资者情绪的概念以及与这些概念相关的研究。然后基于利益相关者理论、信号传递理论与归因理论，本书提出了一个理论模型，该模型涉及投资者对三个维度企业社会失责媒体曝光的反应，此外，该模型还涵盖企业声誉以及基于社交媒体的投资者情绪在企业社会失责行为媒体曝光与投资者反应之间的关系中扮演何种角色。

1.6.1.2 实证研究法

在实证研究部分，本书根据企业社会失责媒体曝光的内容确定样本，整理和汇总与研究相关的数据。确定本书的研究方法，采用 STATA 14.0 和 SPSS

19.0 对样本数据进行实证分析。具体步骤如下：首先，通过对 CNKI 的"中国重要报纸全文数据库"中的中国沪深上市公司的新闻报道进行阅读，通过文本分析法整理出本书的研究样本，并且剔除了一些不符合条件的样本（黄俊和郭照蕊，2014）。从东方财富网股吧、报刊新闻量化舆情数据库以及国泰安数据库（CSMAR）收集企业声誉的知名度和美誉度两个维度、基于社交媒体的投资者情绪以及其他变量的数据。采用事件研究法计算出事件期内企业的累计异常报酬率 CAR（用 STATA 14.0 统计软件运算得到）。其次，根据从中国重要报纸全文数据库获取的三种类型的企业社会失责媒体曝光的数据，检验三种类型的企业社会失责媒体曝光与投资者反应的关系。再次，利用比较分析法研究投资者对不同维度企业社会失责媒体曝光的反应是否存在差异。最后，运用 SPSS19.0 统计软件检验企业声誉的知名度维度和美誉度维度的调节效应和基于社交媒体的投资者情绪的中介作用。

1.6.2　结构安排

本书首先介绍了理论和实践背景，在明确研究背景的基础上，对相关研究进行评述，找出研究的切入点，提出拟解决的研究问题。明确本书的研究思路，阐述本书的理论和实践意义。其次，在对相关文献进行综述的基础上，对本书涉及的概念进行界定，总结出现有研究的局限。再次，在文献综述和理论分析的基础上，论述企业社会失责媒体曝光在股票市场中的信号作用，构建了企业社会失责媒体曝光对投资者反应的作用机制理论模型，提出相关研究假设。最后，在进行理论分析和实证研究之后，对研究结果进行详细讨论，提出理论贡献以及对企业实践的意义，总结本书的创新之处，指出本书的局限与未来研究方向。

本书一共分为 7 个章节，基于本书 7 个章节的内容，结构框架呈现于图 1 - 3 中。

第 1 章为绪论。在第 1 章中，通过对现实背景和理论背景进行分析，指出研究企业社会失责媒体曝光对投资者反应作用机制的必要性，总结出与此有关的研究在理论上的不足。在此基础上，提出本书的研究问题、阐述研究意义、指明研究方法。第 2 章为文献综述和理论基础。第 2 章的内容围绕着两大主线：一是系统地回顾和梳理本书所包含的企业社会失责媒体曝光、企业绿色失

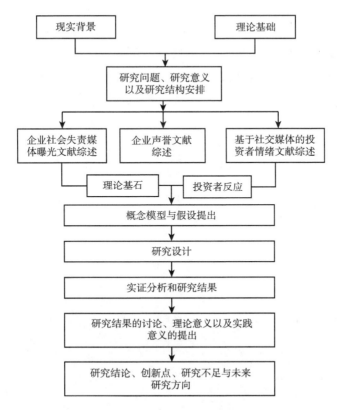

图 1 – 3 本书的结构框架

责媒体曝光、企业社会层面失责媒体曝光、企业治理失责媒体曝光、投资者反应、企业声誉、基于社交媒体的投资者情绪等概念的有关文献；二是论述了本书的理论基础。第 2 章的内容为理论模型的构建和假设的提出打下坚实基础。第 3 章为概念模型构建和假设提出。第 3 章在利益相关者理论、信号传递理论与归因理论的基础上，分析企业社会失责媒体曝光、企业声誉、基于社交媒体的投资者情绪以及投资者反应之间的关系，构建了与企业社会失责媒体曝光对投资者反应作用机制有关的概念模型，提出直接效应、调节效应以及中介效应的基本假设。第 4 章为研究设计。第 4 章介绍了样本选取、数据来源与数据收集过程的情况，参考以往的研究，对本书涉及的变量进行度量，描述了本书的研究方法——事件研究法，简单介绍了本书的回归模型和统计方法，为下一章的统计分析做准备。第 5 章对第 4 章提出的假设进行实证分析。主要是采用 STATA 14.0，将累计异常报酬率 CAR 计算出，然后采用 SPSS 19.0 进行层级回归分析和 Bootstrap 中介效应检验，对前面提出的模型和假设进行验证。第 6 章对实证分析的结果进行讨论，进一步对本书的假设进行解释，深入讨论模型实证结果的含义。阐明本书的理论贡献和实践意义。在第 7 章中，本书对研究结论进行总结，概括本书的创新点，并且依据研究结论和创新点提出本书的研究不足与未来的研究方向。

第 2 章　文献综述与理论基础

　　本章内容主要围绕两大主线展开：第一条主线是将本书所包含的概念进行梳理以及对相关研究进行回顾，这一主线将对企业社会失责媒体曝光、企业绿色失责媒体曝光、企业社会层面失责媒体曝光、企业治理失责媒体曝光、投资者反应、企业声誉、基于社交媒体的投资者情绪等概念进行界定和综述；第二条主线主要考虑什么理论可以对本书研究的问题进行全面的解释。在现有的文献中，由于研究背景、研究目的不同，学者们采用了多样的理论视角对企业社会失责媒体曝光进行了分析和研究（Groening and Kanuri, 2016；Ma and Xue, 2023；Price and Sun, 2017）。结合本书的研究目的，以下三个理论视角可以对研究问题进行全面的解释，即利益相关者理论、信号传递理论以及归因理论。第二条主线将对这三个理论进行综述，并解释本书采用这些理论的原因。在两大主线工作展开的过程中，本书对现有文献和理论进行了深入的剖析和评述。本章的内容是概念模型的构建和假设提出的基础。

2.1　企业社会失责媒体曝光概述

　　企业社会失责（corporate social irresponsibility）的概念萌芽于 20 世纪 60 年代，其本质是企业社会责任的对立面。企业社会责任与企业社会失责存在着不可分割的联系，这两个研究主题相互独立，且存在着本质区别。现有的研究大多关注企业社会责任的内涵、度量、驱动因素和经济结果（Choi and Wang, 2009；Greening and Turban, 2000；Orlitzky et al., 2003；Yoon et al., 2018）。比如，自 20 世纪初，自企业社会责任这一概念诞生以来，学者们对其内涵进行了大量的研究探讨，直至 20 世纪 90 年代学者们对这一个概念初步形成较为完善的认识（Carroll，1999）。学者们对企业社会责任的度量争议颇多，产生了不同的测量方法。其中具有代表性的测量方法有：声誉指数法，即通过创立一个声誉指数来测量企业社会责任的履行（Shane and Spicer，1983；Moskowitz，1972）；KLD 指数法，即通过企业在社区关系、员工关系、环境表现、产品特性、聘用女性和少数族裔、是否签订军事合同、是否从事烟酒生产、是否参与博彩业、是否参与核工业九个不同的社会责任领域的表现来衡量企业社会责任表现（Sharfman，1996）；内容分析法，即通过对企业年报中企业社会责任的有关内容以及企业在合规方面的数据等进行分析来测量企业的社会责任表现（Bowman and Haire，1975）；问卷调查法，即通过编制企业社会责任量表，并用这一量表进行问卷调研（Chen and Delmas，2011）。进一步，在对企业社会责任内涵和度量的研究基础上，许多学者基于不同的理论视角关注了企业履行社会责任的驱动因素。总结起来，现有研究提出，企业承担社会责任的原因主要有两个方面，一方面的原因是企业外部的压力，包括企业外部资源的限制、社会公众的压力等；另一方面的原因是来自企业能够通过承担社会责任获取利益，包括企业履行社会责任能够提升企业竞争力、赢取更多市场份额、打破贸易壁垒等（Greening and Turban，2000）。

然而，值得指出的是，企业社会失责作为一个独立的研究领域一直被忽视，甚至部分研究将企业社会失责与企业社会责任混为一谈。在这种情形下，理论领域对企业社会失责这一概念的认识模糊不清。显然，理论研究上对企业社会失责的忽视致使实践中近年来企业社会失责行为频频发生，而且呈现出愈演愈烈的趋势（姜丽群，2016；Ma and Xue，2023）。由此可见，作为一种商业现象和社会现象，企业社会失责这一问题急需更多系统的研究和分析。出于自身经济利益的考虑，企业很少主动披露社会失责信息，媒体成为利益相关者获取企业社会失责行为信息的重要途径。随着媒体报道影响力的大幅度提高，企业社会失责媒体曝光逐渐引发了学者的研究兴趣。从企业社会失责媒体曝光的研究问题来看，现有文献针对影响企业社会失责媒体曝光的原因和企业社会失责媒体曝光的经济后果进行了规范研究或者实证研究，产生了许多有益的见解。

2.1.1　企业社会失责的内涵

长久以来，许多学者认为，企业社会失责是指企业避免承担社会责任（Armstrong，1977；Armstrong and Green，2013；Nardella et al.，2023）。虽然这一观点得到部分学者的认可，从本质上讲，该观点失之偏颇。企业社会失责与企业社会责任之间存在明确的界限，归属于两个不同的概念，分别位于一个连续体的两端（Jones et al.，2009）。根据琼斯等（Jones et al.，2009）的观点，本书将与企业社会责任和企业社会失责有关的连续体绘制于图 2-1 中。如图 2-1 所示，是否合法是企业社会失责和企业社会责任的明确界限。然而，在连续体的中间有一个"灰色地带"。在这个地带，企业的行为合乎法律但存在着轻微的不道德问题，其可能被社会公众接受也可能遭到社会公众反对。企业社会失责和企业社会责任之间的边界是动态的和可移动的。但是，它们之间的界限是确实存在的，即能否被社会公众接受。企业社会失责一边是一个端点，说明其存在着限制。企业社会责任一端则用箭头指向一边，说明企业社会责任承担是没有界限的。

图 2-1　企业社会责任和企业社会失责连续体模型

资料来源：Jones et al.，2009。

在明确企业社会失责和社会责任的界限后，本书综述国内外关于企业社会失责的研究，并将具有代表性的定义整理于表 2-1 中，并且尝试从以往的定义中总结出企业社会失责的一般性定义。从表 2-1 可以看出，国内外学者对企业社会失责概念的阐述不尽相同。企业社会失责于 20 世纪 60 年代开始被明确提出，费里（Ferry，1962）指出，企业社会失责是企业社会责任的对立面，主要表现是在企业作出了违背道德或在道德上令人难以接受的行为。阿姆斯特朗（Armstrong，1977）将企业社会失责定义为企业在制定决策时以牺牲社会总福利为代价来实现个体目标的行为。他认为，应该通过两个标准来定义企业社会失责：法律和道德，即在对企业社会失责进行界定时，应该充分考虑法律和道德这两个因素。在阿姆斯特朗（1977）定义的基础上，林海和穆勒（Lin-

Hi and Müller，2013）主张违反法律是定义企业社会失责的一个充分但非必要条件。他们强调由于契约的不完整性和全球范围内法律法规的缺乏，有些企业行为即使合乎法律也会给某类利益相关群体带来负面影响，这些行为也归属于企业社会失责。科尔贝尔等（Kölbel et al.，2017）在研究企业社会失责媒体曝光对财务风险的影响时，将企业社会失责定义为对可识别的利益相关群体的合法权益造成不利影响的一系列长期的企业行为。国内学者在国外研究的基础上结合国内的现实背景对企业社会失责进行了界定，比如，国内对企业社会失责研究较早且较为深入的学者姜丽群（2014）认为，企业社会失责是指企业出于某种考虑而没有遵循公众的期望，以促进社会总福利增长的方式来承担社会责任，并且对社会造成负外部效应的企业行为。马永远和沈奥（2022）将企业社会失责界定为企业在经营活动和价值创造的过程中违反法律法规或者道德，并且给利益相关者带来负外部效应的行为。

表2-1　　　　　　　　　　　企业社会失责的定义总结

来源	企业社会失责的定义	主要研究发现
费里 （Ferry，1962）	企业社会责任的对立面，特征是违背道德或在道德上令人难以接受，表现为短视和损害社会整体福利	企业社会失责阻碍企业社会功能的实现
阿姆斯特朗 （Armstrong，1977）	企业在制定决策时以牺牲社会整体福利为代价来实现个体目标的行为	当企业管理者具有利益相关者导向时，企业社会失责将随之减少
麦克马洪 （McMahon，1999）	是指企业社会责任的对立面，表现为企业不具有社会责任感、不可靠以及不可信	媒体报道、政府管制以及竞争压力促使企业的行为从社会失责向社会响应转变
布拉默和帕夫林 （Brammer and Pavelin，2005）	企业以对社会不负责任的方式行事	以保险为动机的社会投资可能会导致企业社会失责行为的发生
斯特赖克等 （Strike et al.，2006）	对可识别的利益相关者的合法权益产生负面影响的一系列长期的企业行为	企业社会责任和企业社会失责均会正向影响企业国际化水平
格林伍德 （Greenwood，2007）	建立在对利益相关者的欺骗和操纵基础上的一种不道德的行为	即使利益相关者参与，企业社会失责也可能发生
琼斯等 （Jones et al.，2009）	企业以被动的方式处理与社会有关的问题，在极端的情况下，其可能违反法律	企业社会失责和企业社会责任可以被视作一个连续体的两端

续表

来源	企业社会失责的定义	主要研究发现
威廉姆斯和津金（Williams and Zinkin，2010）	企业以利益相关者认为的不负责任的方式行动	消费者对企业社会失责的制裁倾向受到文化维度的影响
林海和穆勒（Lin-Hi and Müller，2013）	企业对利益相关者的合法利益产生损害，即"做了坏事"	企业社会责任是指做了好事以及避免做坏事，而企业社会失责是做了坏事
邱和沙夫曼（Chiu and Sharfman，2016）	对广泛利益相关者的长期利益产生负面影响的企业活动	企业社会失责正向影响高管更替
科尔贝尔等（Kölbel et al.，2017）	对可识别的利益相关者的合法权益产生负面影响的一系列长期的企业行为	媒体对企业社会失责的报道会给企业带来财务风险
姜丽群（2014）	企业出于某种考虑而没有遵循公众的期望，以促进社会总福利增长的方式来承担社会责任，且对社会造成负外部效应的企业行为	组织、环境和个体因素均会导致企业社会失责的发生，企业社会失责会影响企业价值、企业品牌和声誉、企业利益相关者
刘非菲（2015）	企业违反法律或被第三方广泛地认为违反道德规范，以利益相关者权益为代价的负外部性行为	企业社会社会失责不利于企业盈余管理，增加了主营业务成本、权益资本成本和债务资本成本
马永远和沈奥（2022）	企业在经营活动和价值创造的过程中违反法律法规或者道德，并且给利益相关者带来负外部效应的行为	三个维度企业社会失责媒体曝光对投资者反应产生差别性影响，企业媒体声誉调节了基本社交媒体的投资者情绪提升了上述关系

资料来源：笔者根据以往的文献进行整理。

　　虽然现有文献对企业社会失责的定义具有不同的观点，但是学术界就这一概念达成了以下两个方面的共识。

　　首先，企业行为是否具有负外部效应。"外部效应"（externality）一词最初出现于 1890 年马歇尔（Marshall）编著的《经济学原理》一书上，指的是经济主体的某种行为给没有参加这种经济活动的其他人和企业带来收益或者成本，而施加这种影响的经济主体却没有为此得到收益或付出任何代价（Marshall，2004）。外部效应包括正外部效应和负外部效应，如果给其他人和企业带来的是收益，可称之为正外部效应。然而，如果带来的是福利损失，则成为负外部效应。列杰布尔（Ledebur，1967）指出，外部效应的存在意味着边际私人收益与边际社会收益，以及边际私人成本与边际社会成本不一致，完全依靠市场机制无法形成资源的最优配置。当企业存在社会失责时，利益相关者将受到一定的影响，利益相关者必然会为此支付一定的成本（例如，某企业的某种产品存在质量问题，消费者购买到该企业的某种产品时，其受到产品的伤害），而企业并不会承担利益相关者的成本。这就意味着企业社会失责存在负外部效应。

其次，企业社会失责涉及违反法律法规或者道德。法律是指一种具有强制约束力的社会规范，它对社会的群体成员具有普遍效力。法律所包含的行为规则的制定者是立法机关，并由国家确认，且得到社会的认可，其实施主体是国家司法机关（凯尔森和沈宗灵，2013）。法律明确了什么可以做，什么不可以做，由此可见，法律是企业开展活动的最低行为标准。关于企业社会失责概念有一个重要问题需要明确，企业存在社会失责是否意味着企业违反了法律？毋庸置疑的是，企业违反法律的行为一定归属于企业社会失责行为范畴（Lin-Hi and Müller，2013）。然而法律的完善具有时滞性，企业的有些行为虽未违反法律，但是仍然会给利益相关者带来负面影响，这些给利益相关者带来负面影响的行为也属于企业社会失责行为范畴。是否违反道德是对企业社会失责概念进行界定时需要考虑的另外一个因素。道德是人们共同生活及其行为的准则与规范。如果企业开展的活动违反了第三方广泛认同的道德规范，就意味着企业违反了公众认为正确的事情，必然会得到利益相关者的不满、质疑和抵制（Jones et al.，2009；马永远和沈奥，2022；刘非菲，2015）。

基于上述的两点论述，本书将企业社会失责界定为企业在经营活动、价值创造的过程中，违反了法律法规或者道德并且给利益相关者带来负外部效应的行为。

2.1.2　企业社会失责维度的划分

自企业社会失责这一概念诞生以来，有关的研究主要集中在企业社会失责概念的界定、企业社会失责产生的原因以及企业社会失责与企业绩效的关系。而且相关研究基本以规范研究为主，实证研究十分有限。为了展开实证研究，本书在对企业社会失责这一概念的内涵界定后，进一步明确这一概念的外延，对这一概念进行维度划分。正如前文所述，企业社会失责涵盖了一系列与利益相关者的合法要求相违背的行为。例如，企业可能违反与自然环境有关的法律、法规或道德。而且，企业在员工薪酬方面可能存在歧视，这些歧视对其雇员的合法要求存在负面影响，或者企业可能提供富有争议的、损害消费者利益的产品和服务。此外，企业在治理过程中产生的会计信息披露不规范、高层管理者舞弊、偷税漏税等违法或不道德行为同样归属于企业社会失责的范畴。由此可见，企业社会失责可以划分为不同维度。然而，现有企业社会失责的文献并未就如何划分企业社会失责的维度给出具体的指导。企业社会失责与企业社会责任之间存在着不可分割的关系，例如，林海和穆勒（Lin-Hi and Müller，2013）提出了防止企业社会失责的发生，构成了企业社会责任的底线。因此，本书参考了企业社会责任的文献对企业社会失责的维度进行划分。

　　KLD 指数是由 KLD 研究分析公司设计的一种评价企业与利益相关者之间关系的标准。自从诞生以来，KLD 指数在社会责任领域的研究中得到了广泛的运用和认可（Cho et al.，2013；Hong and Andersen，2011；Yue et al.，2017）。例如，法蒂玛等（Fatma et al.，2014）指出，KLD 指数是目前理论研究领域最具有影响力和最被广泛接受的企业社会责任衡量方法。KLD 研究分析公司自 1991年起对上市公司的环境、社会、治理（ESG）和涉及争议性产业（CBI）的表现进行调查研究。其中，ESG 标准包含两个方面的内容，一个方面是评价企业社会责任的"优势"方面的评价标准；另一个方面是评价企业社会失责的"关注"方面的评价标准。在 ESG 标准中，企业社会失责包括环境层面、社会层面和治理层面三个一级指标，这三个一级指标下包含环境、社区、人权、员工、多元化、产品以及治理七个二级指标。以 KLD 指数作为设计模板，并且依据中国的具体情况，中国上市公司企业社会责任数据库（chinese corporate social responsibilities database，CCSR）设计了一种评价我国企业与其利益相关者之间关系的有关环境、社会层面和治理的评价标准。同样，该数据库包含了企业社会责任和企业社会失责两个方面的评价标准。本书参考广泛采用的 KLD 指数以及 CCSR 数据库，结合我国企业社会失责的特点，认为企业社会失责可以划分为绿色失责、社会层面失责与治理失责三个维度。

　　企业绿色失责是指企业在经营活动、价值创造的过程中，违反了与自然环境保护有关的法律法规或者道德，而且企业没有能够有效内化由违反自然环境的法律法规或者道德所带来的外部成本（Lin-Hi and Müller，2013；马永远和沈奥，2022；刘非菲，2015）。参考 KLD 指数和 CCSR 数据库中的"关注"部分，企业绿色失责由八个小类组成：（1）环境的法律法规遵从，如企业违反与环境相关的法律法规；（2）有毒物质的泄漏和排放，如企业无意地泄漏或是有意地排放有毒气体；（3）气候的变化，如企业影响政府对温室气体排放政策的制定；（4）产品与服务，如企业在产品生产和提供服务的过程中对环境产生污染；（5）生物的多样性和土地利用，如企业损害生物多样性；（6）企业运营产生的废弃物，如企业随意对经营废物进行排放；（7）供应链环境问题，如企业供应链中的制造商存在的环境破坏行为；（8）水资源管理，如企业非法排放污水。

企业社会层面失责是指企业在经营活动、创造价值的过程中，违反了与员工、社区和产品有关的法律法规或者道德，而且企业没有能够有效内化由违反与员工、社区和产品有关的法律法规或者道德所带来的外部成本（Lin-Hi and Müller，2013；刘非菲，2015；马永远和沈奥，2022）。同样地，参考 KLD 指数和 CCSR 数据库中的评价标准，企业社会层面失责问题由员工层面、产品层面和社区层面三个二类指标组成，其中员工层面的问题由四个小类组成，产品层面的问题由四个小类组成，社区层面的问题由一个小类组成。具体地，企业社会层面失责主要包括：（1）员工健康，如企业的重大安全事故；（2）供应链员工问题，如企业对供应链员工的人身安全置之不理；（3）童工，如企业雇用童工；（4）劳资关系，如企业拖欠员工工资；（5）产品质量与安全，如产品经常被召回或被罚款；（6）市场营销与广告，如企业的广告涉及虚假宣传；（7）反竞争行为，如企业同业恶性竞争；（8）客户关系，如企业对客户进行歧视；（9）社区影响，如企业生产产品过程中出现的噪声扰民问题。

公司治理，从狭义上讲，是指为了解决委托代理问题，公司应该科学地对经理人进行授权和监管。从广义上理解，公司治理主要是研究企业的权力安排问题。企业治理失责是指企业在经营活动、创造价值的过程中，违反了与公司治理有关的法律法规或者道德，而且企业没有能够有效内化由违反与公司治理有关的法律法规或者道德所带来的外部成本（Lin-Hi and Müller，2013；马永远和沈奥，2022；刘非菲，2015）。同样地，参考 KLD 指数，企业治理失责由四个小类组成：（1）报告质量，如企业发布的社会责任报告内容与往年相比毫无变化；（2）治理结构，在高管或者独立董事违规或犯罪；（3）争议投资，如企业融资活动对社会和环境的影响存在争议；（4）商业道德，如内幕交易、会计违规、利益输送、管理者进行短线交易等问题。企业社会失责维度划分的具体情况如表 2-2 所示。

表 2 - 2　　　　　　　　　　　企业社会失责维度划分

企业社会失责维度	二级指标	具体内容
绿色失责	环境	环境法律法规遵从
		有毒物质的泄漏与排放
		气候变化
		产品与服务
		生物的多样性和土地利用
		运营的废弃物
		供应链的环境问题
		水资源管理
社会层面失责	员工	员工健康
		供应链员工问题
		童工
		劳资关系
	产品	产品质量与安全
		市场营销与广告
		反竞争行为
	社区	客户关系
		社区影响
治理失责	公司治理	报告质量
		治理结构
		争议投资
		商业道德

来源：笔者根据以往文献整理。

2.1.3　企业社会失责媒体曝光的界定以及相关研究回顾

媒体是指通信的平台或者工具，这种平台或者工具可以用于存储和沟通信息或数据（Kulchina，2014；Yoo and Alavi，2001）。众所周知，信息在保障市场经济的高效运行中扮演着重要角色，然而，信息不对称性存在于实际经济活动的方方面面（Aboody and Lev，2010）。媒体议程设置理论认为，由于法律制度的不完善，媒体可以降低信息不对称性，通过对某一事件、某一个人物进行报道，媒体可以引发社会公众对事件或者人物的关注。综合现有的相关文献，本书发现，媒体报道主要是通过对内部和外部利益相关者行为的影响，进而对企业的经营和财务活动产生一定作用（Castka and Corbett，2016）。对于内部利益相关者而言，当媒体披露企业存在经营管理的问题时，企业的内部利益相关者会作出相应的改变以改善公司治理环境。为了获取商业利益性，带来轰动效应，媒体会搜集和揭露公司治理过程中存在的问题，为企业在缺乏法律保护的情况下提供外部的制度支持（杨德明和赵璨，2012）。对于外部利益相关者而言，现有研究主要关注外部利益相关者如何从媒体披露中获取企业重要的信息，如会计信息、社会责任信息、证券市场的信息等（Bissoondoyal-Bheenick et al.，2023）。随着市场竞争的不断加剧，从媒体报道中获取的信息有助于外部利益相关者作出合理的决策。关于媒体对企业内部利益相关者和外部利益相关者影响研究的共同之处是媒体报道能够长期地提供公司的信息，这一特点正是媒体报道影响企业经营和财务活动的关键。

媒体能够深度报道企业的有关情况，在减少利益相关者信息搜寻的成本，在报道企业社会失责中扮演着重要角色。在本书中，企业社会失责媒体曝光的定义是指媒体在一段时间内对企业社会失责的报道次数。与国内外众多与企业媒体报道有关的研究类似，本书的媒体曝光中的媒体指的是报纸（Fang and Press，2009；李培功和沈艺峰，2010；马永远和沈奥，2022）。随着媒体影响力的不断提升，理论界及实务界对媒体报道的研究也如雨后春笋般涌现，但由于研究背景、研究视角和研究方法的区别，国内外的研究结论既有共同点，又存在一定的差异。本书在这一部分将系统梳理国内外企业社会失责媒体曝光的研究文献，为接下来的理论分析及实证研究作铺垫。虽然与企业社会失责曝光有关研究是多种多样的，归纳起来，现有研究大多关注企业社会失责媒体曝光的影响因素，以及企业社会失责媒体曝光的影响效应。

2.1.3.1 企业社会失责媒体曝光作为因变量（影响因素）

企业社会失责媒体曝光的影响因素主要体现在以下三个方面：第一，制度环境是促使媒体曝光企业社会失责的重要因素。德加科沃等（Djankov et al.，2003）研究了全球 97 个国家的媒体所有权模式与媒体报道内容的关系，研究结果表明，政府对媒体的控制程度与新闻自由度之间存在着负向相关的关系，当政府对媒体的控制程度比较高时，媒体很难自主地选择报道的内容。醋卫华和李培功（2012）的研究指出，政府干预和法律制度对媒体监督作用的发挥产生重要的影响。第二，利益相关者的偏好与利益相关者的利益受损程度影响媒体对企业社会失责的曝光。受众的偏好影响媒体对企业社会失责的报道，例如，科尔贝尔等（Kölbel et al.，2017）指出，因为受众认为负面信息远比正面信息有趣，为了迎合这一基本的受众偏好，媒体倾向于报道企业社会失责的行为。杨德明和令媛媛（2011）研究了媒体为什么报道企业的负面信息，研究结果表明，媒体有迎合广大受众信息需求的倾向，主要表现在媒体关注热点新闻，具有追求轰动效应的倾向。对利益相关者的影响程度也与媒体是否报道企业社会失责紧密相关，米勒（Miller，2006）在研究媒体对会计舞弊的监督作用时，指出当会计舞弊事件涉及的利益相关者较多时，媒体报道该舞弊事件的可能性就越大。蒋文（2016）表明，在发挥公司治理功能时，媒体往往会选择问题严重的企业进行曝光。第三，媒体自身商业利益的获取是影响企业社会失责媒体曝光的另一重要因素。戴克等（Dyck et al.，2008）阐明为了获取商业利益，媒体具有很强的动机报道社会大众普遍关注的企业违规行为。李培功和徐淑美（2013）表示，为了获取较高的企业声誉和得到众多利益相关者的支持，媒体会重点报道企业的负面信息。

2.1.3.2　企业社会失责媒体曝光作为自变量（影响效应）

近年来，媒体成为资本市场上公司、交易机构和投资者之间沟通的重要渠道，对整个资本市场产生了深刻的影响。媒体不仅可以传递与企业有关的信息，而且还可以揭露企业行为中的不合理之处。学术界关于媒体曝光对资本市场影响的研究主要集中于以下三个方面。

（1）从媒体的信息传播角度来探讨媒体曝光对资本市场上股票价格波动、股票交易量和投资者决策的影响。这类研究一般是以上市公司为研究样本。就企业社会失责媒体曝光对资本市场的影响而言，泰特劳克（Tetlock，2007）以《华尔街日报》为数据来源，研究了媒体报道在股票市场上的作用，研究结果表明，媒体报道的负面新闻预示着股票价格的下跌。哈约和诺伊恩基希（Hayo and Neuenkirch，2012）运用加拿大银行业 1998～2006 年的数据对媒体报道与股票价格的关系进行研究，实证结果表明，媒体报道会影响股票价格。恩格尔贝里和帕森斯（Engelberg and Parsons，2011）利用读者的地理变化来设计和实施实证研究，研究发现，当地报纸的报道与当地股票交易的概率和幅度密切相关。扎维亚洛娃等（Zavyalova et al.，2012）认为，媒体提供的信息会影响投资者对新上市公司的评价。黄俊和郭照蕊（2014）利用2007～2012年上市公司数据考察了媒体报道与股价同步性的关系，实证结果显示，媒体报道对公司股价同步性的影响主要通过负面报道实现的。马永远和沈奥（2022）的研究发现，企业社会失责媒体曝光对企业股价产生负面影响。周冬华与魏灵慧（2017）基于我国非金融类上市公司2003～2014年的媒体报道数据，分析了媒体报道对投资者决策的影响，研究结果表明，媒体报道语气对投资者的投资决策有一定的影响，而且投资者在制定投资决策时十分重视媒体负面报道。

（2）从媒体曝光的监督治理功能角度展开研究，此类研究主要是探究媒体能否在公司治理中扮演一定的角色。大多数现有的文献支持了企业社会失责媒体曝光能够发挥公司治理功能这一观点。例如，戴克等（Dyck et al.，2008）通过对俄罗斯企业1999～2002年的数据进行实证检验，实证研究的结果表明，企业社会失责媒体曝光增加了公司对违规行为治理的可能性。贝德纳尔（Bednar，2012）表明，媒体报道对公司的行为产生一定的影响，而且公司管理者可能试图通过采取部分符合主流机构逻辑的行动来消除这种影响。李培功与徐淑美（2013）详细梳理了有关媒体能否发挥公司治理作用的研究，论述了媒体发挥公司治理作用的动机，以及媒体发挥公司治理作用的边界条件和效果。郑志刚、丁冬和汪昌云（2011）通过对我国上市公司的媒体负面报道的数据进行分析，实证结果显示，由于媒体具有议程设置作用，媒体负面报道对注重声誉的经理人具有监督和约束作用，从而在公司治理中扮演重要角色。此外，周开国、杨海生和伍颖华（2016）以及梁红玉、姚益龙和宁吉安（2012）分别从不同的视角取得了企业社会失责媒体曝光对公司治理作用的实证证据。然而，一些研究表明，企业社会失责媒体曝光并不能发挥公司治理的作用。比如，科恩等（Cohen et al.，2015）指出，媒体并非真正关心公司治理，而是通过营造轰动效应以满足受众需求。才国伟、邵志浩和徐信忠（2015）表明，媒体和企业之间存在合谋倾向，媒体可能会美化广告投入较多的企业，从而很难发挥治理功能。

（3）国内外学者对企业社会失责媒体曝光与企业绩效的关系作出了许多有益的研究尝试，然而研究结论存在着差异。大部分现有研究认同企业社会失责媒体曝光与企业绩效间存在着显著的负相关关系这一观点。例如，科尔贝尔等（Kölbel et al.，2017）探讨了有关企业社会失责媒体曝光对财务风险的作用机制，从研究结论中可见媒体对企业社会失责的报道将会带来严重的财务风险。马和薛（Ma and Xue，2023）研究了企业社会失责媒体曝光对企业价值的影响机制，研究结果显示企业社会失责媒体曝光给企业价值带来负面影响。黄辉（2013）以 2009～2011 年我国上市公司的媒体负面报道数据为样本，研究了媒体负面报道不同维度特征与企业绩效的关系，研究结果表明，媒体负面报道的次数与企业绩效显著负相关。部分学者通过实证研究得出企业社会失责媒体曝光并非一定会对企业绩效产生不利影响的结论。比如，姚益龙、梁红玉和宁吉安（2011）以我国沪深两市 2001～2009 年的快速消费品企业为样本，探讨媒体负面报道与企业绩效的关系，实证结果表明，媒体监督与企业绩效在一定程度呈现"U"形关系。

通过以上的文献综述，国内外学者对企业社会失责媒体曝光的有关问题作出了众多探讨，得出来许多有意义的研究结论。然而，关于企业社会失责媒体曝光影响效应，现有研究尚未达成一致的意见。媒体作为信息传递中介对资本市场的影响纷繁多样，出现了企业社会失责媒体曝光能否发挥公司治理作用之争，以及企业社会失责媒体曝光与企业绩效关系的研究结论不一致的现象。图 2－2 总结了企业社会失责媒体曝光作为因变量和作为自变量的现有研究。

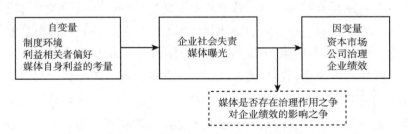

图 2－2　企业社会失责媒体曝光框架分析

2.2　投资者反应

2.2.1　投资者反应的内涵

现代企业理论认为，企业和利益相关群体之间存在一组复杂的显性契约和隐性契约（Jensenand Meckling，1976）。这些契约既有企业经营者与所有者之间的契约、企业与员工之间的契约、企业与债务人之间的契约、企业与消费者

（或供应商）之间的契约以及企业与政府之间的契约等。这些契约的存在意味着企业目标的达成受到多种类型个人和群体（利益相关者）的影响（Freeman and Evan，1990）。企业利益相关者的界定在其产生的最初几十年内可谓是争议颇多（Mitchell et al.，1997）。比如，弗里曼和里德（Freeman and Reed，1983）认为，利益相关者的内涵具有广义和狭义之分，广义而言，利益相关者是指与组织目标实现息息相关的个人或者群体；狭义而言，是指对组织持续生存产生制约的个人或者群体。布伦纳（Brenner，1993）指出，利益相关者是指受到组织活动影响的个人或者群体。经过 20 世纪 60 年代~70 年代的初创期，以及 80 年代~90 年代初期的细分热潮后，到 90 年代中期以后，米切尔等（Mitchell et al.，1997）提出了利益相关者的定量化评分法，使得利益相关者理论具有了较强的可操作性，而且对利益相关者界定的分歧逐渐减少。一个得到普遍认可的观点：利益相关者指的是在企业中进行了专有性投资，影响企业决策和行为并受企业决策和行为影响的个人和群体（陈宏辉和贾生华，2004）。

利益相关者一方面会受到企业行为的影响；另一方面是他们对企业行为的反应同样会影响企业目标的实现。由于利益相关者在企业中进行了专有性投资，企业的利益相关者会有意无意地对企业施加影响。利益相关者反应是指利益相关者在对企业的某些行为的感知和认识的基础上，会表现出对企业某种行为的态度，并与之对应地产生行为反应（Mcdonald and Sparks，2010）。由于企业行为性质的不同和利益相关者特质、利害关系存在着差异，利益相关者反应存在很大差异。陈宏辉和贾生华（2004）指出，利益相关者多种多样，总结起来利益相关者可以分为核心、蛰伏和边缘化利益相关者。其中，蛰伏利益相关者是指在企业正常经营状态下表现为一种企业的显性契约人，然而，在企业没有很好地满足或者损害其利益时，就会从蛰伏状态跃升为活跃状态，反应可能会非常强烈。蛰伏利益相关者包括消费者、供应商、分销商、投资者和政府共五类。因此，在本书的研究背景下，投资者这种蛰伏利益相关者成为研究对象。

在对投资者反应界定之前，本书首先对投资者进行界定。根据不同的分类标准，投资者可以分为不同的类型（Grinblatt and Keloharju，2000；Jain，2007）。比如，根据投资的主体不同，投资者可以划分为权益投资者和债务投资者。根据投资者与企业之间的关系，投资者由外部投资者与内部投资者组成。公司的权益投资者和债务投资者均有可能对企业社会失责媒体曝光产生反应。由于本书关注的是上市公司，选择权益投资者作为研究对象，即公司股东。而企业的权益投资者可以划分为内部投资者和外部投资者，内部投资者可能已经知晓了企业社会失责的信息，媒体对企业社会失责的曝光对内部投资者的行为影响较小。因此，本书关注的投资者是上市公司的股票投资者。根据利益相关者反应的界定，本书将投资者反应界定为投资者在资本市场上基于对企业的某些行为的感知和认识而产生与之对应的投资选择（买进、卖出企业股票）。

2.2.2　企业社会失责媒体曝光与投资者反应关系的研究回顾

企业利益相关者会根据其所获得的信息作出决策。然而，由于利益相关者的认知能力有限，而且搜寻全部信息需要较高的成本，在这种情况下，利益相关者很难持续监控一个企业在社会责任承担方面的所有表现（Kölbel et al.，2017；Ma and Xue，2023）。此时，媒体这种监督机制扮演着重要角色。当利益相关者从媒体处获取企业社会失责的信息时，相当于从媒体处获取一个信号，这个信号将会影响利益相关者对企业的感知以及行为倾向。利益相关者对企业社会失责媒体曝光的反应具有多样化的特征，包括对企业信任度的下降、抵制企业的产品或者服务、诉诸法律等（Hericher and Brioloux，2023；Valor et al.，2022）。例如，相关政府部门可能会对企业社会责任缺失问题进行制裁，此时企业可能会面临巨额罚款；客户通过抵制企业的产品或者服务等市场行为来对企业施加压力，使企业的销售额下降（Marin et al.，2009），供应商可能终止与不负责任的企业合作，从而给企业的运营管理带来困难。本书重点综述投资者对企业社会失责媒体曝光反应的国内外研究。

对于投资者反应这一研究话题，国内外学者已取得了十分有益的研究见解，通过文献梳理，我们发现相关文献主要分为以下两个方面：（1）投资者对企业定期披露的会计信息产生的反应。由于会计信息反映了企业的财务状况、现金流量、经营成果，其是股票投资者分析某个企业股票投资价值的基础。比如，游家兴和罗胜强（2008）以 2000～2005 年中国 A 股上市公司为研究对象，研究发现，控股股东会影响盈余质量。李（Li，2008）通过语言分析软件分析上市公司年报，并研究年报可读性与企业业绩之间的关系，研究结果表明，企业绩效的高低与企业年报的可读性有关。（2）投资者对企业的非定期事件的反应。对投资者而言，企业社会失责媒体曝光是一种非定期事件，会影响其行为反应。比如，泰特劳克（Tetlock，2007）指出，媒体对企业的负面报道会使投资者产生负面情绪，影响投资者的投资决策。巴伯和奥丁（Barber and Odean，2008）认为，媒体对上市公司的报道影响投资者的注意力。穆勒和克劳索（Muller and Kräussl，2011）以美国财富 500 强的企业数据为样本，考虑了在重大自然灾害发生时，企业社会失责会引发股票价格下跌，以及对企业价值产生影响。埃利奥特等（Elliott et al.，2014）研究发现，投资者在对企业进行价值评估时，会考虑企业社会责任的表现情况，投资者对社会责任表现差的公司的基本价值评估比较低。国内研究者也表明企业社会失责媒体曝光会影响投资者反应。例如，饶育蕾和王攀（2010）研究发现，媒体会影响投资者情绪，从而对新股发行的短期收益与长期收益产生影响。

综上所述，投资者对企业社会失责媒体曝光反应的有关问题得到了大量的研究关注，而且得出了十分有益的理论见解。综合已有的研究，本书将投资者对企业社会失责媒体曝光的反应过程总结于图 2 - 3 中。如图 2 - 3 所示，当投资者从媒体处获取企业社会失责的信息后，这种企业社会失责的信息将会影响投资者对企业的态度，从而引发投资者的反应。然而，现有研究在探讨投资者对企业社会失责媒体曝光的行为反应时，很少将利益相关者特质、企业社会失责行为的不同属性等因素考虑进来，使得现有研究存在一定的局限性。

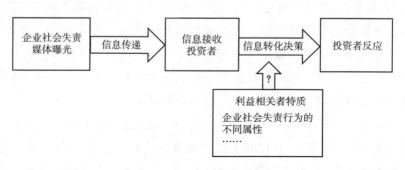

图 2 - 3　投资者对企业社会失责媒体曝光的反应过程

2.3　企业声誉

2.3.1　企业声誉的内涵

从 20 世纪 50 年代起，企业声誉这一概念一直是学术界关注的焦点（Nardella et al.，2023）。学术界普遍认为，企业声誉是决定企业成败的关键。根据资源基础理论的观点，企业声誉这种资源因其稀缺、无形的特性使得竞争对手公司难以复制，因而，在企业竞争优势的获取中至关重要。尤其近年来，随着市场竞争的日渐白热化，传统的仅仅依赖物质资源的企业经营管理理念受到了挑战，这就要求企业对其经营管理活动进行变革，把企业声誉资源的管理纳入企业管理之中，以获取战略竞争优势以及提高自身核心竞争力。虽然，企业声誉的重要性得到普遍认同，但是对于声誉的内涵的认识尚不清晰。在企业声誉研究领域中，企业声誉的界定一直是一个颇具争议的问题。迄今为止，由于研究的视角和出发点不尽相同，对企业声誉的界定，学术界的意见仍没有达成一致（Esen，2012）。本书将代表性的企业声誉定义整理于表 2 - 3 中，如表 2 - 3 所示，部分研究者基于利益相关者视角对企业声誉进行界定，比如，洛格斯登和伍德（Logsdon and Wood，2002）表明，企业声誉是指企业长期积累而成的，是对组织如何履行其职责，如何满足股东的期望，以及组织对社会环境的适应能力的所有评估。沃克（Walker，2010）把企业声誉定义为企业所有的利益相关者对于一个企业的印象总和。一些研究认为，企业声誉是由其过去的一系列活动所产生的一个结果。比如，魏格尔特和卡默勒（Weigelt and Camerer，1988）认为，企业声誉是从其过去的行为中总结出来一套经济和非经济的属性。纳德拉等（Nardella et al.，2023）将公司声誉界定为对公司过去行为及未来前景的感知，描绘了公司在其关键利益相关者中的整体吸引力。虽然相较于国外对声誉的研究而言，国内的相关研究起步较晚。国内学者已经在国外研究的基础上对企业声誉进行了详细的界定。比如，刘彧彧等（2009）将企业声誉界定为利益相关者依据与企业有关的信号作出的对企业的评价。李海芹和张子刚（2010）将企业声誉定义为利益相关群体对企业的总体评价。

表 2 - 3　　　　　　　　　　　有代表性的企业声誉定义

研究文献	企业声誉的定义
魏格尔特和卡默勒（Weigelt and Camerer，1988）	从企业过去的行为中总结出来一套经济和非经济的属性
赫尔比格等（Herbig et al.，1994）	利益相关者经过一段时间后形成的对企业一贯性的累计判断
福布伦和范·里尔（Fombrun and Van Riel，1997）	利益相关者对企业的总体评价

续表

研究文献	企业声誉的定义
波斯特和格里芬（Post and Griffin, 1997）	利益相关者对一个企业的看法、感知和态度的集合
齐格利多普洛斯（Zyglidopoulos, 2001）	利益相关者根据企业所有经营活动形成的对企业认知与情感倾向
洛格斯登和伍德（Logsdon and Wood, 2002）	企业长期积累而成的，是对组织如何履行其职责，如何满足股东的期望，以及组织对社会环境下的适应能力的所有评估
施瓦格（Schwaiger, 2004）	利益相关者根据企业信息对其产生的主观的、认知的与情感的评价
巴内特等（Barnett et al., 2006）	利益相关者根据公司长期的财务、社会和环境表现而产生的集体判断
沃克（Walker, 2010）	企业所有的利益相关者对于一个企业的印象总和
比尔等（Bear et al., 2010）	社会公众随着时间的推移对一个企业的累积判断
纳德拉等（Nardella et al., 2023）	公司声誉是指对公司过去行为及未来前景的感知，描绘了公司在其关键利益相关者中的整体吸引力
宝贡敏和徐碧祥（2007）	利益相关者对企业特性的认知和情感评价
刘彧彧等（2009）	利益相关者依据与企业有关的信号作出的对企业的评价
李海芹和张子刚（2010）	客户、投资者、员工和社会公众等利益相关群体对企业的总体评价

资料来源：笔者根据以往的研究整理。

整合上述两种视角，企业声誉的概念包括以下三个关键点：（1）企业声誉具有一定的主观成分，这是因为企业声誉包含利益相关者对企业的评价。福布伦（Fombrun, 2005）认为，企业声誉的一个标志性的特征是其被感知性。（2）企业声誉具有一定的客观性，这是因为企业声誉是建立在企业行为及结果上的评价。闰多瓦等（Rindova et al., 2005）的观点认为，企业声誉是企业过去一切行为及结果的体现。（3）企业声誉是由许多评价组成的集合。沃蒂克（Wartick, 1992）表示，声誉是利益相关者对组织感知的集合体。基于这三个关键点，本书认为，企业声誉的概念可以界定为企业利益相关者对某个企业的所有观点、决策和想法、组织的信念、组织的行为和组织的可靠性的情感反应与理性评价，这种情感反应与理性评价是建立在企业过去一切行为及结果的基础之上。

2.3.2　企业声誉的维度

以往的研究试图给企业声誉领域带来理论上的连贯性和严谨性。自从福布伦和尚利（Fombrun and Shanley，1990）倡导需要将企业声誉具化为不同的维度以来，企业声誉是一个多维度构念的这一观点逐渐得到认可。在企业声誉维度划分这一问题上，学者们存在着不同的观点。例如，福布伦和加尔伯格（Fombrun and Gardberg，2000）主张企业声誉是由六个不同的维度构成，这些维度分别为情感吸引力、产品和服务、愿景和领导、工作环境、社会和环境责任以及财务绩效。施瓦格（Schwaiger，2004）则指出，企业声誉是一个两维度的构念，由情感成分和认知成分两个方面组成。对于企业声誉的情感成分，他认为可以采用 3 个题项对其进行测量：利益相关者是否喜爱该公司；利益相关者是否认同该公司的经营和管理理念；如果该公司倒闭，利益相关者是否表达自己的遗憾。对于企业声誉的认知成分，施瓦格（Schwaiger，2004）的研究采用 3 个题项对其进行测量：利益相关者对公司市场竞争地位、对公司经营能力以及对公司全球知名度的认知。

此外，兰格等（Lange et al.，2011）认为，公司声誉由企业知名度、企业因为某些属性而知名以及企业美誉度三个维度构成。企业知名度是指一个企业被利益相关者广泛认识的程度，或者相对于其竞争者的突出程度。企业知名度这一维度是可以被客观衡量的，它表示一个企业在利益相关者网络中延伸的范围，即在某个领域内企业被多少人所熟知。因某些属性而知名是指企业因某些属性和特征而获得名声，即利益相关者对一个企业某些属性评价为正向的程度。企业美誉度是指利益相关者在对企业产品或者服务、身份认同的基础上形成的对企业的一种积极的情感体验。以往研究由于研究背景、研究目的、数据与研究方法等差异，采用了不同的企业声誉维度分类方法。考虑本书的研究背景、研究目的和数据的可得性，本书将考虑企业知名度和企业美誉度两个声誉维度。

本书将企业知名度与企业美誉度的定义与特征列示于表 2 - 4 中。根据表 2 - 4 的内容可得，企业知名度与美誉度作为声誉的两个不同维度，存在着差异。企业知名度是一个客观的维度，主要关注企业的价值网络中涵盖多少潜在利益相关者。企业声誉的知名度维度可以被客观衡量的，该维度代表了在某个范围内一个企业被多少人所知晓，或者多少人或主动或被动地听说过该公司。企业知名度不涉及各类利益相关者的情感反应，仅仅表示企业信息的覆盖范围。虽然企业美誉度与知名度存在一定的联系，但是与知名度不同的是其具有主观性，涉及利益相关者对企业的情感判断与认同。企业美誉度这一维度与利益相关者对企业产品和服务的认同，以及对企业身份的认同有关，涉及利益相关者的价值判断。较高的企业知名度与美誉度可以同时存在于一个企业中，然而，部分企业注重通过各种渠道来提升自身的知名度，却忽视了企业美誉度的维护，声誉大大降低；另有一些企业则只注重美誉度的提升，没有投入资源来扩大企业信息的覆盖范围，造成高美誉度、低知名度的情况出现。尽管企业声誉可以划分为不同维度这一观点在理论上得到了认可，然而现有的大多数实证研究仍然将企业声誉当作单一维度的构念。由此可见，正如福布伦和尚利（Fombrun and Shanley，1990）倡导的那样，将企业声誉分为企业知名度与美誉度两个维度进行研究可以引发研究领域和实践界对声誉管理的新思考。

表2-4　　　　　　　　　企业知名度与美誉度的定义与特征

定义与特征	企业知名度	企业美誉度
企业知名度与美誉度的定义	企业在利益相关者网络中延伸的范围，即在某个领域内企业被多少人所熟知	利益相关者在对企业产品或者服务、身份认同的基础上形成的对企业的一种积极的情感体验
客观或者主观（是否涉及利益相关者对企业的情感判断）	客观（不涉及利益相关者对企业的情感判断）	主观（涉及利益相关者对企业的情感判断）
聚焦于企业的某些属性或者对企业整体的一般性印象	对企业整体的一般性印象	对企业整体的一般性印象

2.3.3　企业声誉的影响因素以及经济后果的研究回顾

在知识经济时代，企业声誉是企业长期形成的一种重要战略无形资产。这种无形资产可以为公司带来竞争优势，产生较高的绩效。在许多情况下，消费者在作出购买决策之前无法辨别出在售商品的质量，因此，良好的声誉可以作为企业产品潜在质量的信号。基于资源基础观的分析认为，在进行有关战略决策时，企业所拥有的不同资源会促使其实施不同的战略，进而对企业绩效产生一定的影响。作为一种重要的无形资源，学者们探究了企业声誉的影响效应。此

外，企业声誉的影响因素也得到了一定的研究关注。通过详细的文献梳理，企业
声誉的现有文献主要集中在三个方面：企业声誉的定义和衡量标准（Gardberg
and Fombrun，2002）、企业声誉的影响因素（Walsh et al.，2010）以及它对企
业经济后果的影响（Gatzert，2015）。在这一部分，本书重点对企业声誉的影
响因素以及经济后果的文献进行了系统回顾。

2.3.3.1　企业声誉作为因变量（影响因素）

企业声誉有助于企业获取可持续的竞争优势，而且良好的企业声誉的获取
需要企业长期的努力。然而，企业多年积累的声誉往往会因为简单的失败和疏
忽而得到损害。鉴于此，总结企业声誉的影响因素十分必要。综述相关文献，
本书发现，影响企业声誉的因素呈现出多样化特征，这是因为企业声誉是建立
在利益相关者获取的企业有关信号的基础之上，这些信号的来源可以是企业内
部，也可以是通过其他信息渠道如媒体或股票市场获取。总之，企业声誉的影
响因素即可能来源于企业内部，也可能来源于企业外部。

1. 影响企业声誉的内在因素

第一，企业财务方面的因素会影响企业声誉。良好声誉的建立需要企业资
金的支持。较高的财务绩效为企业创造更多的机会，企业能够投资于更有社会
责任感的项目，满足利益相关者的期望，从而提高企业声誉。例如，里亚希 -
贝克奥伊和帕夫利克（Riahi-Belkaoui and Pavlik，1991）表示，利益相关者通
过解读企业多方面的信号来构建其对声誉的认知与评价。他们对 114 家美国大
型公司进行实证研究，研究结果表明，企业的财务绩效是企业的一种重要的信
号，这种信号会影响企业声誉。通过降低财务风险和控制成本可以影响公司随
后的声誉。罗丝和汤姆森（Rose and Thomsen，2004）通过实证研究发现，企
业的财务绩效有助于企业声誉的提高。格尔森等（Gertsen et al.，2006）表
示，大量的会计丑闻严重影响了公众对大型企业的信任。所有这些丑闻均伴随
着以前批准和通过的财务报表被公开调整，即财务报表重述。在大多数情况
下，财务报表重述会对企业声誉和市场价值造成巨大的损害。此外，黄亮华
（2005）、郑秀杰和杨淑娥（2009）也对企业绩效与企业声誉之间的关系进行
了探讨。

第二，企业的管理层以及公司治理的特征影响企业声誉。比如，温弗瑞和

洛根（Winfrey and Logan，1998）以委托代理理论为基础，采用 72 家美国公司经理薪酬的数据进行实证检验。实证结果支持了 CEO 薪酬影响企业的声誉。布拉莫尔等（Brammer et al.，2010）采用英国大型企业的样本，研究了企业声誉的决定因素，研究结果发现，与消费者联系紧密的行业，董事会中女性的存在对企业声誉的影响是有利的。弗拉特等（Flatt et al.，2013）基于信号传递理论来研究首席执行官的更替与企业声誉之间的关系，运用 2007 年和 2008 年 241 家企业的财富评级的数据进行实证检验，研究结果表明，CEO 的继任能够提高企业声誉。同样，国内学者也探讨了公司治理对企业声誉的影响。万燕鸣和李军林（2011）采用 2002～2010 年中国企业非平衡面板数据，研究了股权结构对企业声誉的影响，实证结果表明，过高的股权集中度会对企业声誉产生负面影响。张英杰和万燕鸣（2014）研究了董事会特征与企业声誉的关系，结果表明，董事会的会议频率与董事长兼任总经理现象均对企业声誉产生一定的影响。

第三，企业自身的特征、企业所处的行业以及企业的员工均会影响企业声誉。罗伯茨和道林（Roberts and Dowling，2002）的研究指出，在特定的行业中，企业规模对企业声誉起着决定性的影响。威廉姆斯等（Williams et al.，2005）采用 178 家财富 500 强公司的调研数据，讨论了企业战略与企业声誉之间的关系，研究结果表明，与专业化经营的企业相比，采用多元化战略的企业，其声誉得分较低。克雷文斯和奥利弗（Cravens and Oliver，2006）表明，关于企业声誉的危机往往是由于管理层或员工的不道德行为造成的。这就意味着，除了管理层，企业员工也在声誉管理中发挥着重要作用。赫尔姆（Helm，2011）研究发现，企业声誉对于与利益相关者建立良好关系至关重要，尤其是在需要重新获得公众信任的情况下。公司声誉源于公司与利益相关者的互动，其中，企业员工在声誉管理中发挥着重要作用。

第四，企业社会责任对企业声誉的影响是学者们关注的热点问题。企业社会责任的承担符合利益相关者对企业的预期，从而有助于提升企业声誉。赫尔等（Hur et al.，2014）探讨了企业社会责任对企业声誉的影响，通过分析来自韩国的 867 个消费者的数据，研究结果表明，企业社会责任对企业品牌信誉，以及对企业声誉产生直接正向的影响。纳德拉等（Nardella et al.，2023）的研究指出，企业社会失责事件对企业声誉产生负面影响，且这种负面影响受到事件发生地的影响。与环境有关的企业社会责任（气候责任和自然资源利

用）对企业声誉以及对企业盈利能力的影响。环境责任对企业声誉、企业盈
利能力均存在着正向影响。赫茨（Hetze，2016）根据信号传递理论与利益相
关者理论讨论了企业社会责任报告对社会责任声誉的影响。林希和布伦贝格
（Lin-Hi and Blumberg，2016）指出，企业承担社会责任是提高自身声誉的一
种有效的途径。齐丽云、李腾飞和郭亚楠（2017）以 ISO26000 和 GRI 指南为
依据对社会责任进行划分，通过对中国 203 家企业的调研数据进行实证分析，
实证结果表明，企业的慈善捐助有助于企业声誉的提升。李建莹、刘维奇和原
东良（2023）的研究指出，上市公司积极践行企业社会责任是提升外界良好
感知、市场声誉和企业长期价值的重要渠道。

2. 影响企业声誉的外部因素

企业外部的法律、法规以及社会规范会对企业声誉产生影响。沃蒂克
（Wartick，1992）的研究表明，正面的媒体报道能够改善企业声誉，而负面的
媒体报道可以降低企业声誉。梅耶尔和克莱因尼恩胡斯（Meijer and Kleinnijen-
huis，2006）通过分析两种不同类型新闻的基调探讨了新闻对企业声誉的影
响，研究结果表明，正面的媒体报道提高了企业声誉。戴克等（Dyck et al.，
2008）的研究表明，信息环境的透明度使得企业声誉备受关注。艾因维勒等
（Einwiller et al.，2010）表明，利益相关者依赖新闻媒体来了解难以直接体验
或观察的声誉维度，因此，新闻媒体报道会对企业声誉产生一定的影响。菲利
普和杜兰德（Philippe and Durand，2011）认为，企业可以选择遵循两个维度
的标准：是否遵守目标和对程序的承诺程度。然后，根据这两个维度形成 4 种
不同的行为，通过对 90 家美国企业的环境信息披露情况进行研究，结果发现，
企业对环境信息披露规范的目标遵从或对程序的承诺程度影响声誉的高低。媒
体报道会影响企业声誉。李焰和王琳（2013）研究发现，媒体负面报道将导
致直接责任公司的声誉受损。

2.3.3.2　企业声誉作为自变量（经济后果）

1. 企业声誉对财务绩效产生一定的影响

本书将部分有关企业声誉对财务绩效影响的研究总结于表 2 - 5 中。从
表 2 - 5 中可知，现有文献对企业声誉的测量尚未达成一致的意见。虽然众多

学者在不同的背景下，采用不同的研究方法探讨了企业声誉与财务绩效的关系，但是研究结论存在一定的分歧。大多数研究表明，企业声誉与财务绩效之间存在着正相关关系。迪普豪斯（Deephouse，2000）的实证研究表明，企业声誉正向影响财务绩效。科塔等（Kotha et al.，2001）研究了互联网企业的三种声誉建设活动与公司业绩之间的关系，即研究在声誉方面的营销投资、与该互联网企业有关的风险投资公司的声誉排名以及媒体曝光率这三种声誉建设活动对公司绩效的影响，研究结论显示，三种企业声誉建设活动均对企业绩效产生积极的作用。罗伯茨和道林（Roberts and Dowling，2002）研究了企业声誉与财务业绩之间的关系，研究结果表明，较高的企业声誉有助于企业持续获取较高的利润，保持竞争优势。此外，部分研究认为，企业声誉对财务绩效的影响并不显著。罗丝和汤姆森（Rose and Thomsen，2004）关于企业声誉与财务绩效之间关系的研究结论挑战了传统的观点，研究表明，企业声誉并不影响公司价值。埃伯尔和施瓦格（Eberl and Schwaiger，2005）将企业声誉分为认知与情感两个维度，并且研究了企业声誉的这两个维度对财务绩效的影响，研究结果表明，情感维度对财务绩效产生负面影响。国内学者也关注了企业声誉与财务绩效的关系，郑秀杰与杨淑娥（2009）的研究表明，企业能否获得良好的声誉对企业的后续财务表现产生影响，当一个企业获取良好声誉，其后续财务绩效对该企业获取良好声誉前的财务绩效敏感度下降。张英杰和万燕鸣（2014）指出，良好的企业声誉能够给企业带来好的财务表现。余鹏翼等（2022）的研究发现，投行声誉提升了企业长期并购绩效。

表2-5　　　　　　　　　　　企业声誉与财务绩效关系

来源	声誉数据来源	企业声誉与财务绩效 关系的研究结果
迪普豪斯 （Deephouse，2000）	通过分析报纸内容来对企业声誉进行评估	企业声誉正向影响财务绩效
科塔等 （Kotha et al.，2001）	采用企业声誉方面的营销投资、与该企业有关的风险投资公司的声誉排名以及媒体曝光率来表示声誉建设活动	企业声誉建设活动正向影响其绩效
罗伯茨和道林 （Roberts and Dowling，2002）	"全球最值得尊重的公司"的调查数据	企业声誉正向影响财务绩效
卡梅利和蒂什勒 （Carmeli and Tishler，2004）	通过调研获取企业声誉数据	企业声誉正向影响财务绩效

续表

来源	声誉数据来源	企业声誉与财务绩效关系的研究结果
罗丝和汤姆森 （Rose and Thomsen，2004）	丹麦商业期刊的有关企业形象的评级；问卷调查	企业声誉对财务绩效影响不显著
埃伯尔和施瓦格 （Eberl and Schwaiger，2005）	通过电话调查认知与情感企业声誉	企业声誉的认知维度对未来的财务绩效有积极的影响，而情感维度对财务绩效有负面影响
斯图布斯和桑恩 （Stuebs and Sun，2010）	财富杂志对企业声誉的评级	企业声誉正向影响财务绩效
莱特赫尔和施瓦格 （Raithel and Schwaiger，2015）	通过电话调查认知与情感声誉	一般公众感知的公司声誉与股票回报率正相关
肖海莲和胡挺（2007）	以在 1999～2004 年有无因违规被证监会、上交所或深交所处罚过的企业为样本	企业声誉对企业绩效产生正面影响
郑秀杰和杨淑娥（2009）	"中国最受尊敬企业"的评选结果	良好企业声誉的获取对企业后续财务绩效产生影响
张英杰和万燕鸣（2014）	华盛顿邮报 Asia200 榜单对中国企业的排名	企业声誉会给企业带来好的财务表现
余鹏翼等（2022）	采用主成分分析法，综合投行参与并购的数量、证券业协会评级和投行的市场份额构建投行声誉量表	投行声誉提升了企业长期并购绩效

资料来源：笔者根据以往的研究进行整理。

2. 企业声誉对市场价值的影响

市场价值经常被用来评估创新收益和无形资产的经济价值。而且市场价值被视为公司业绩的前瞻性指标（Luo and Bhattacharya，2006）。在对企业声誉的经济后果的研究中，其与市场价值的关系得到一定的关注。然而，关于企业声誉与市场价值关系的现有研究尚未得到一致的结论。大部分研究认为，企业声誉对市场价值具有积极影响。布莱克等（Black et al.，2000）表明，企业声誉可以用来预测市场价值。赫尔姆（Helm，2007）认为，企业声誉是影响最初投资决策的因素。莱特赫尔和施瓦格（Raithel and Schwaiger，2015）实证分析了 2005 年 12 月 30 日至 2012 年 5 月 31 日德国公司的数据，研究结果表明，公众认可的且具有较高声誉的企业将会导致较高的未来股票收益。企业声誉对已建立的投资者关系同样产生影响，即影响投资者的满意度和忠诚度。王等（Wang et al.，2016）的研究表明，即使在控制了盈余绩效后，公司声誉也会增加市场价值。李焰和王琳（2013）的研究表明，企业声誉可以发挥投资者保护功能。由于在资本市场上多种因素会制约股票价格，部分研究者发现，企业声誉与市场价值无关，甚至是负相关。钟等（Chung et al.，1999）基于美国和英国企业的数据，研究发现，企业的市场价值并没有因为声誉排名的公布发生改变。罗丝和汤姆森（Rose and Thomsen，2004）指出，企业声誉对其未来的企业市场价值并不存在直接的影响。

通过以上关于企业声誉作为因变量和作为自变量的研究回顾，概括起来，企业声誉的影响因素包括企业内部因素和企业外部因素：企业财务方面的因素、企业的管理层以及公司治理的特征、企业自身特征、企业社会责任；企业外部的法律、法规以及社会规范。企业声誉的经济后果包括：对财务绩效的影响和对市场价值的影响。本书发现，关于企业声誉的影响因素和经济后果的研究比较成熟，因此，本书转而研究企业声誉在企业社会失责媒体曝光与投资者反应关系中的调节作用。

2.3.4　企业社会失责媒体曝光背景下企业声誉的作用

信号传递理论的观点认为，企业声誉具有信号价值，企业声誉这种信号会影响利益相关者的决策制定。关于企业声誉这种信号对企业社会失责媒体曝光与投资者反应之间关系的影响这一问题的研究结论仍然存在着争议。部分现有文献主张企业声誉能够减弱企业社会失责媒体曝光对投资者反应的消极影响。施尼茨和爱普斯坦（Schnietz and Epstein，2005）通过检验投资者对1999年西雅图WTO会议失败的反应，表明企业社会责任声誉可缓解由此次危机所发的股票价格下跌。戈弗雷等（Godfrey et al.，2009）指出，企业积累的良好声誉有助于投资者进行积极归因，缓和投资者对企业的负面判断和制裁。马永远和薛立国（2022）以2011~2015年205个中国沪深上市企业的社会失责媒体曝光事件为样本进行实证研究，研究结果表明企业声誉可以减弱企业社会失责媒体曝光对企业价值的负面影响。此外，有些学者认为，企业声誉会增加企业社会失责媒体曝光的不利影响。瑞和豪斯柴尔德（Rhee and Haunschild，

2006）采用美国汽车行业 1975～1999 年的产品召回数据进行实证分析，结果表明，较高的声誉可能成为一种负担，声誉越高的企业产品召回遭受更多的市场惩罚。

由以上的综述可得，企业声誉这种信号会影响企业社会失责媒体曝光与投资者反应的关系。本书将企业声誉对两者关系的影响绘制于图 2 - 4 中。如图 2 - 4 所示，企业声誉在企业社会失责媒体曝光与投资者反应的关系中扮演的角色存在着争议。在某种程度上表明此背景下企业声誉的作用机理尚不清晰，随着企业社会失责媒体曝光事件的频频发生以及企业声誉的重要性日渐提升，企业社会失责媒体曝光情境下企业声誉的作用机理亟须进一步深入、系统的研究。

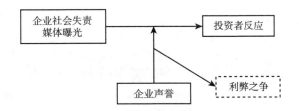

图 2 - 4　企业社会失责媒体曝光背景下企业声誉的作用

2.4　基于社交媒体的投资者情绪

近年来，社交媒体以其易用性、信息传播快速性和内容影响广泛性等特征，逐渐深入人们生活的方方面面（Huberman，2010；谢起慧和褚建勋，2016）。作为一种新型的媒体形态，社交媒体能够拓宽企业利益相关者了解企业信息以及表达自己对企业意见的渠道，吸引更多的利益相关者参与到对企业的监督之中（Schivinski，2016）。本节内容首先对社交媒体进行界定，其次，对基于社交媒体的投资者情绪进行界定，并回顾与基于社交媒体的投资者情绪有关的文献。

2.4.1　社交媒体的内涵

随着信息技术的不断发展以及 Web 2.0 技术的产生，社交媒体于 20 世纪末诞生（Kietzmann et al.，2011）。自诞生以后，社交媒体发展迅速，不仅改变了信息传播的方式，而且给传统的媒体带来了巨大冲击。经过短短十多年的发展，社交媒体对人们的生活产生了革命性的影响（Agnihotri et al.，2016；Herhausen et al.，2023）。随着实践的不断深入，学术界尝试着对社交媒体进行界定。提及社交媒体的定义，一个不能忽略的学者是梅菲尔德（Mayfield）。梅菲尔德于2008年在《什么是社会化媒体》（What is Social Media）一书中较早地提出了社交媒体的概念。对于学术界来说，社交媒体仍是新兴事物，社交媒体的文献起步较晚。本书将社交媒体的定义总结于表2-6中。

表2-6   国内外对社交媒体的代表性定义

来源	对社交媒体的定义
梅菲尔德（Mayfield，2008）	是指基于互联网产生的，允许其每个用户参与制作信息、传播信息、交流观点以及与其他用户对话的媒体
赖特和汉森（Wright and Hinson，2008）	是指各种数字工具和应用程序，通过这些工具和程序，公众和组织之间可以进行互动沟通和内容交换
卡普兰和海因（Kaplan and Haenlein，2010）	是指基于Web 2.0技术产生的平台，允许用户在该平台上创造内容、进行传播和互动
基茨曼等（Kietzmann et al.，2011）	是使用手机和网络技术创建的高度互动的平台，通过这个平台，个人和社区可以分享，共同设计、讨论、修改用户生成内容
马雷什－富埃勒和史密斯（Maresh-Fuehrer and Smith，2016）	是指基于Web 2.0技术产生的平台，该平台允许用户自主地创造内容、使用和传播信息
迪迪和魏（Diddi and Wei，2022）	是指一组应用程序，允许用户在互联网上创建和交换生成的内容
曹博林（2011）	是建立在互联网技术，特别是建立在Web2.0的基础之上的互动社区，它使每个人创造并传播内容的能力
田丽和胡璇（2013）	是一种以互动为基础的，允许用户创造和交换信息的新型网络社会组织形态
韩大平（2015）	是指允许人们自由地获取、分享、评论、传播信息的网站或平台或技术或工具
王瑜（2015）	是指一种在线社交平台，这种平台允许用户实时参与、交流互动，从而营造和构建了众多社会圈层

资料来源：笔者根据现有研究进行整理。

如表 2-6 所示，卡普兰和海因（Kaplan and Haenlein）于 2010 年将社交媒体界定为基于 Web 2.0 技术产生的平台，允许用户在该平台上创造内容、进行传播和互动。基茨曼等（Kitzman et al.，2011）把社交媒体定义为使用手机和网络技术创建的高度互动的平台，通过这个平台，个人和社区可以分享，共同设计、讨论、修改用户生成内容。国内研究者大多从 2008 年开始探讨社交媒体的有关问题，并且尝试着对社交媒体进行界定。王瑜（2015）认为，社交媒体是指一种在线社交平台，这种平台允许用户实时参与、交流互动，从而营造和构建了众多社会圈层。从表 2-6 可以看出，现有研究对社交媒体的界定存在一定差别，造就这一差别的原因根植于社交媒体是伴随着信息技术发展产生的新兴概念，目前，学术界对它的研究仍处于萌芽阶段。尽管如此，学者们对社交媒体的定义存在以下三个方面的共同点：（1）社交媒体是基于互联网技术形成的平台；（2）社交媒体具有社交性；（3）社交媒体允许用户实时地创建、共享和交换信息。因此，本书在总结以往研究的基础上将社交媒体定义为：社交媒体是指基于互联网技术形成的强互动平台，该平台允许个人和社区实时与自由地分享，共同设计、讨论、修改用户生成内容。在这一定义的基础上，本书认为，社交媒体包含了非常广泛的内容，主要有社交网站、微信、微博、虚拟社区、播客等。

2.4.2　基于社交媒体的投资者情绪的内涵与研究回顾

传统金融学的观点认为，投资者的决策建立在完全理性的基础之上，然而，这一观点遭到部分学者的质疑。行为金融学理论认为，投资者并非完全理性（张峥和徐信忠，2006）。随着行为金融学的深入发展，国内外的学者们认识到投资者的决策过程并不遵循完全理性，投资者心理因素会影响投资者决策。投资者情绪是投资者心理因素的一个重要组成部分，其是指投资者基于对企业资产未来现金流和投资风险的预期而形成的一种信念，但这一信念并不能完全反映企业的基本情况（Baker and Wurgler，2007；Balcilar et al.，2017）。由此，投资者情绪反映了一种认知偏差，这种偏差来源于对企业资产未来现金流和投资风险预期的偏差。随着网络技术的快速发展，社交媒体得到广泛的运用。投资者由被动地接受信息转变为主动使用社交媒体搜寻和交换信息。社交媒体逐渐成为投资者表达自身情绪的平台，此时，基于社交媒体的投资者情绪产生。本书基于投资者情绪的定义将基于社交媒体的投资者情绪界定为投资者在社交媒体平台上表现出的一种对企业资产未来现金流和投资风险的预期（Rizkiana et al.，2017）。

随着实践中社交媒体的影响力地不断增强，基于社交媒体的投资者情绪与投资者反应的联动关系引起了越来越多的研究关注。现有研究关注了其与投资者反应的关系。其中，西方学者对这一问题进行了探索。例如，安特韦勒和弗兰克（Antweiler and Frank，2004）通过对雅虎论坛的帖子进行文本挖掘和分析，研究结果表明，基于社交媒体的投资者情绪有助于预测市场波动和股票回报。萨伯瓦尔等（Sabherwal et al.，2011）研究了网上发帖对股票交易活动的影响，结果表明，社交媒体的用户情绪可以预测股票交易量和股票价格。张等（Zhang et al.，2011）的研究指出，基于推特（Twitter）构建的公众情绪指标与股票指数负相关，而与股票价格波动正相关。洪等（Hong et al.，2016）对Twitter上投资者情绪展开分析，分析结果发现，基于 Twitter 的投资者情绪会影响股票价格。国内的学者对基于社交媒体的投资者情绪与投资者反应的关系正处于初步探索阶段。林振兴（2011）通过构建了基于社交媒体的投资者情绪的三个指标，探讨了基于社交媒体的投资者情绪与 IPO 抑价之间的关系。张书煜等（2015）通过抓取微博中与投资者有关的数据，探讨了基于社交媒体的投资者情绪倾向与股市收益之间的关系。张信东和原东良（2017）的研究表明，投资者在社交媒体上表现的情绪在一定程度上对股票价格有一定的预测作用。

综述已有的研究，基于社交媒体的投资者情绪与投资者反应之间的关系得到了一定的关注。然而，我们发现，有关的研究大多在西方背景下展开的，而且主要关注基于社交媒体的投资者情绪作为自变量的情形。由于在中国社交媒体的应用晚于西方国家，国内学者对基于社交媒体的投资者情绪的研究正处于起步阶段。而且与西方研究类似，国内的学者通常关注基于社交媒体的投资者情绪作为自变量的情况。对于企业绿色失责、治理失责或者社会层面失责媒体曝光或许通过基于社交媒体的投资者情绪这一个变量作用于投资者反应这一问题关注较少。

2.5 理论基础

当企业社会失责行为这种信号通过媒体传递给利益相关者时，利益相关者建立最初的社会失责行为的归因,进而产生反应。由此,利益相关者理论、归因理论和信号传递理论可以很好地解释投资者对三个维度企业社会责任媒体曝光的反应。而且,利益相关者不仅依赖于被曝光的信号来进行归因,也会依赖包括企业声誉以及基于社交媒体的投资者情绪在内的其他信号进行归因。

2.5.1　利益相关者理论

2.5.1.1　利益相关者理论的基本内容

自 20 世纪 60 年代起,利益相关者理论逐渐发展起来,其产生和发展具有一定的现实和理论背景。20 世纪 60 年代末,西方国家经济增长出现了停滞状况,与此同时,企业的发展遇到了众多阻碍,这就引发学者们对当时主流的企业理论股东至上理论的思考。股东至上理论认为,企业的首要责任是促使股东财富最大化(李伟,2005),在发展的早期,企业缺乏大量的物质资源,对股东至上的强调有助于管理者将大部分物质资源投入企业的经营活动中,从而促进企业的快速成长。然而,随着经济社会的不断发展,物质资源对于企业的重要性降低,社会资本以及人力资本的重要性日渐突出。在此情境下,股东至上的理论得到挑战。在众多对股东至上理论的质疑中,利益相关者理论逐渐兴起。利益相关者的观点认为,股东利益最大化的弊端之一在于其可能导致企业忽视其利益相关群体的重要作用,从而影响到企业自身的可持续发展(Jensen,2002)。在现代市场经济条件下,企业本质上是由各利益相关者之间缔结的“一组契约”,为了获取竞争优势,企业应该将利益相关者的需求和愿望纳入企业目标制定的过程中。即企业应当在为股东创造财富的同时,在所有权安排时更合理地对待各利益相关方,对其他利益相关者和社会环境也必须承担相应的责任。

利益相关者理论是建立在对主流企业理论“股东至上理论”反思的基础上的,为企业提供了一个全新的所有权观念。利益相关者理论的核心思想是指企业目标的实现与能否有效地管理利益相关者关系息息相关(Freeman,1984)。利益相关者理论认为,企业是由一组显性和隐性契约组成,一个企业不仅必须满足明确的债权或合同,而且还需要满足隐含的债权或合同。换言之,利益相关者理论侧重于强调企业应该考虑所有利益相关者的需要和利益。在利益相关者理论的框架下，企业在制定决策时不仅仅需要考虑股东的利益，还需要将利益相关者的利益纳入其决策过程之中（Laplume et al.，2008）。

2.5.1.2 利益相关者的识别

利益相关者产生之初得到了众多学者诟病，其中的原因之一就是该理论在提出之初仅仅强调利益相关者的重要性，而没有界定清楚企业的利益相关者包括哪些主体（Donaldson and Preston，1995）。企业并非凭空而生，需要物质资本、人力资本以及社会资本的初始投入，而且企业的顺利经营同样需要三类资本的支持。企业的物质资本，从实物形态来讲，主要是指企业的厂房、机器设备、原材料等。对于货币形态来讲，主要是指花费于企业厂房、机器设备以及原材料等方面的费用。物质资本为一个企业正常的生产经营提供了物质基础，在较早时期工厂式的企业环境中，物质资本的投入构成了企业实现价值增值的核心因素（Caballé and Santos，1993）。因此，20世纪80年代以前，持股东主权至上理论的学者认为，企业的物质资本投资者对企业的投资具有一定的专用性与可抵押性，企业的经营一旦遇到困难或者企业出现倒闭的情况，物质资本投资者投入的资产可能会经历严重贬值，从而物质资本投资者是企业风险的主要承担者。所以，企业的所有权归属于其物质资本所有者，企业存在的目的是最大化物质资本所有者的利益。企业物质资本提供者为企业的股东和债权人，企业的股东和债权人成为企业的重要利益相关者。

随着股东至上理论在管理领域的地位受到一定的挑战，学者们逐步认识到人力资本对企业生存与发展的重要作用。尽管人力资本思想萌芽于古希腊思想家柏拉图的著作《理想国》之中，但是，直至20世纪60年代，完整的人力资本理论才被美国的经济学家贝克尔（Becker）与舒尔茨（Schultz）建立（Becker，1962；Schultz，1961）。人力资本强调的是存在于劳动者身上的各种生产知识、劳动技能、管理技能和健康素质的存量总和，其主要特点在于它与劳动者密切相连。企业管理者和员工是企业人力资本的投资者。由于在企业中投入了人力资本，企业的雇员（管理者与员工）均对企业产生诉求。因此，企业管理者与员工构成了企业利益相关者群体的重要组成部分。不同于物质资本与人力资本，社会资本主要强调的是社会主体之间紧密联系的状态及其特征，它可以表现为社会网络、信任以及社会道德等方面。社会资本是无形的，存在于人际关系结构中，可以给企业带来未来的收益。顾客、供应商、社区、政府、

行业协会属于社会资本投资者，同样是企业的利益相关者群体的一部分。本书
将企业的利益相关者群体绘制于图 2－5 中。

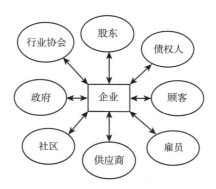

图 2－5　企业利益相关者构成

资料来源：Donaldson and Preston，1995。

2.5.1.3　利益相关者理论在本书中的运用

梅拉希等（Mellahi et al.，2016）回顾和总结了 2000～2014 年发表在顶级
学术期刊上关于企业非市场战略的文献，研究发现，利益相关者理论是研究企
业社会责任问题最常用的理论，且许多学者运用该理论解释企业社会责任与企
业绩效间的关系。利益相关者理论有助于明确企业社会责任的内容，以及企业
为什么要承担社会责任，为企业社会责任的研究提供了理论上的导引与支持
（张洪波和李健，2007）。企业社会失责媒体曝光会增加利益相关者（投资者、
消费者、供应商、政府、非政府组织等）对企业制裁的可能。客户可以通过
购买或抵制等市场行为来投出货币选票以对企业施加影响；供应商也可以要求
企业采取一些改善其环境绩效的管理措施；竞争对手可能会针对该企业社会失
责行为问题作出反映；非政府组织与社区，包括（但不限于）社区居民、环
保团体、工会和媒体，这些利益相关者通过舆论压力反对公司的管理活动。显
而易见，如果企业不能满足这些利益相关者需求，其将会面临着外部利益相关
者制裁的风险。此外，内部利益相关者的行为也受到企业社会失责的影响。比
如，企业员工认识到自己在一个不承担社会责任的企业中工作时，其工作积极
性会遭到一定的损害。当企业社会失责行为被媒体曝光时，利益相关者会对企
业的社会失责作出反应。在本书的研究情境下，利益相关者理论可以用来解释

企业社会失责媒体曝光对投资者反应的作用机制。

2.5.2 信号传递理论

2.5.2.1 信号传递理论的基本内容

在市场交易中，由于处于信息优势的一方往往倾向于传递对自身有利的信息，而且基于理性人的观点，信息劣势方认为这种信息不可轻易相信。与信息不同，信号可以被处于信息劣势的一方观察到，而且反映了难以识别的潜在重要事实（Westphal and Zajac，1998）。在经济学领域中，信号传递是指一方将关于自身的信息可靠地传递给另一方。信号传递的过程中涉及处于信息优势的一方和处于信息劣势的一方。因此，信号传递理论包括处于信息优势地位一方的信号传递理论和处于信息劣势地位一方的信息甄别理论，本书主要关注的是信号传递理论。信号传递理论的奠基人是2001年诺贝尔经济学奖得主斯本斯（Spence）。斯本斯（1973）提出了就业市场信号传递模型，在这一模型中，潜在的员工发送一个关于自己能力水平的信号，这一信号的价值来自雇主认为它与潜在员工能力相关这一事实。在这一模型中，潜在员工与雇主之间存在着信息不对称，由于潜在的员工对自身的能力具有较为充分的信息，其处于信息优势地位。潜在员工需要发送某种信号给雇主来减少这种不对称性带来的不利影响。在通常情况下，发送方必须选择是否以及如何传递该信号。而接收方必须选择如何解释信号。即信息劣势方如何对信息优势方发送的信号进行甄别？这一问题触发了信息甄别理论的产生。

一个完整的信号传递是由五个方面重要的因素组成的，本书将信号传递理论的五个要素绘制于图2-6中。由图2-6可见，信号传递理论的第一个方面的要素是信号源。信号源主要是指拥有个人、产品或者组织信息的内部人员，而且外部人员事先对这些个人、产品或者组织的信息并不知情。内部人员既可以获得正面信息，也可以获取负面信息，他们必须决定是否向外界传递这些信息。信号是信号传递理论的一个重要组成部分，主要侧重于主动传达积极的信号，以传达积极的组织属性；接收方是信号传递理论的第三个重要组成部分。根据信号传递理论，接收方是局外人，他们缺乏有关所涉组织的信息，但他们希望得到这一信息。此外，信号传递理论还包括对信号源的反馈、信号传递的

环境。由此可知，信号传递理论具有完整的体系，可以用来解释企业中的许多
现象。

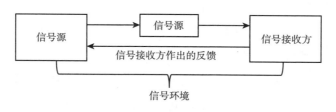

图 2 - 6　信号传递理论模型

2.5.2.2　信号传递理论的运用扩展

近年来，信号传递理论的应用得到了蓬勃发展（Erevelles et al.，2001）。
信号传递理论是在信息不对称的基础上产生而来。有些信息是私人拥有的，所
以那些持有信息的人和那些有可能作出更好决策的人之间可能会存在信息不对
称。一个多世纪以来，有关决策制定的模型大多建立在完全信息的假设之上，
而信息不对称却没有得到充分关注（Stiglitz，2002）。这就使得经济管理领域
存在许多令人困惑的微观和宏观经济学现象，例如，公司发放股息红利将面临
双重纳税问题，但是其为什么仍然选择发放红利？传统的基于信息完美假设的
模型未能对这一行为进行解释，因为将公司盈余作为红利发放将面临纳税问
题，而将公司盈余作为资本收益处理则能规避纳税问题。

斯本斯（1973）指出，信号传递理论可以用来解决众多经济和社会现象
中由信息不对称引发的逆向选择问题。在金融和经济领域，学者们已经尝试采
用信号传递理论对信息不对称问题进行解释。例如，学者们指出，公司债务和
股息代表了公司经营状况好坏的信号（Bhattacharya et al.，2013；Grundy and
Kim，2002）。只有经营状况好的企业才具有能力在长期内支付利息和股息。
相反，经营状况较差的企业将无法维持这种支付。信号传递理论在管理领域同
样占有重要地位，其在战略管理、企业家精神和人力资源管理中得到广泛的运
用（Erevelles et al.，2001）。对于投资者来讲，企业社会失责信息、企业声誉
以及基于社交媒体的投资者情绪属于信号的范畴，投资者会根据这些信号作出
决策。因此，信号传递理论可以用来解释本书的研究问题。

通过对利益相关者理论、归因理论以及信号传递理论的综述，本书发现，

对于企业社会失责媒体曝光的经济后果这一研究问题，现有文献认为，利益相关者理论可以为其提供理论基石（Mellahi et al.，2016）。另外，部分研究采用信号传递理论和归因理论来阐述企业社会失责媒体曝光与投资者反应的关系（Coombs，2007；欧阳哲，2016；马永远和沈奥，2022）。本书指出，利益相关者理论、信号传递理论和归因理论这三个理论中的单独任何一个理论只能对企业社会失责媒体曝光的经济后果这一复杂现象提供特定而不是完全的解释。对于本书的研究问题，当企业社会失责这种信号通过媒体传递给投资者这类重要的利益相关者时，投资者可能会根据这种信号、个人价值观念和企业行为动机等来建立对社会失责行为的最初归因，进而产生行为反应。鉴于此，本书认为，这三个理论中的单独一个并不能很好地解释本书的研究问题，应该整合这三个理论以便对本书的研究问题进行深入的探讨。

2.5.3　归因理论

2.5.3.1　归因理论的基本内容

归因理论源于社会心理学领域，是由著名的社会心理学家海德（Heider）于 1958 年在《人际关系心理学》一书中正式提出的。归因是指个体对他人或者自身某种行为产生的原因的感知或者推断。归因根据归因者与行为者是否是同一个人可以分为自我归因和他归因，自我归因指归因者对自身行为产生原因的分析，他归因指归因者对他人行为产生原因的分析。归因理论在产生初期并没有得到广泛的关注与运用，这一时期的代表性观点主要是海德（2013）提出的朴素归因理论。随着琼斯和戴维斯（Jones and Davis，1965）、凯利（Kelley，1967，1973）在朴素归因理论的基础上对归因理论的完善与发展，归因理论的影响力得到了大幅度提升。虽然没有经过系统的心理学训练，与心理学家一样，普通人也会尝试解释行为，并且从中发现行为的因果关系。除了心理学家以外，每个人都是朴素心理学家。海德的朴素归因理论认为，行为者的原因可以从其来源上划分为个人的内部原因和外部原因（周围环境）。其中，内部原因包括个人的能力、动机、个性、品质、情感、态度和心境等，外部原因包括任务难度、他人的期望、激励、惩罚等（Heider，2013）。因此，人们通常基于内在原因与周围的环境来解释个体或者他人的行为。海德对行为者行为原因的划分成为归因研究的基础，具有深远的影响力。在朴素归因理论的基础上，琼斯和戴维斯（1965）在他们的著作《从行为到倾向：人际知觉的归因过程》中提出了相应的推断理论。该理论强调归因者可以根据行为者的外部行为推断出其对应的内在特质。在对行为者的外部行为进行内在特质归因时，归因者需要对行为者的行为意图进行判断，因为行为者无意图的行为不能用来推断其内在特征。

　　凯利（1967，1973）进一步完善了朴素归因理论，提出了三维归因理论。根据三维归因理论的观点，归因者进行归因时会考虑客观刺激物、行动者以及情境三个方面的因素，这三个方面的因素构成了一个三维度的分析框架，是归因者进行归因的依据。第一个维度是共识性（consensus），这一维度指的是其他人对同一刺激是否以与行动者相同的方式反应。第二个维度是区分性（distinctiveness），这一维度强调行动者是否对同类其他刺激作出相同的反应。第三个维度是一致性（consistency），这一维度强调的是行为者在不同时间点与不同情境中面对同一刺激是否反应相同。归因者对行为的归因取决于这三个维度在各种组合的相对值，如果行为者的行为共识性高、区分性高以及一致性高，归因者倾向于认为行为产生的原因与客观刺激物有关。如果行为者的行为共识性低、特殊性低以及一致性高，归因者倾向于认为，行为产生的原因与行动者有关。如果行为者行为的一致性低，则不管共识性及区分性是高或低，归因者难以判断行为产生的原因是与行为者还是客观刺激物有关，此时归因者则倾向于做这二者以外的归因。三维归因理论为归因过程的分析提供了严密的逻辑分析模式。

　　虽然归因理论不断的完善与发展，产生了许多较为新颖的观点。根据凯利（1967，1973）的观点，一个完整的归因模型涵盖着归因的影响因素、进行归因和归因产生的结果。归因的影响因素包括客观刺激物、行动者以及情境。归因产生的结果包括因为归因而产生的情绪反应、行为以及期望。

2.5.3.2　归因理论的运用扩展

　　归因理论在解释人类复杂行为中的作用得到普遍认可，而且这一理论的运用已经不仅集中于从社会心理学领域。现今归因理论已逐渐应用于多个学科领域。该理论在企业管理领域的运用十分普遍，比如，归因理论已被广泛地应用于研究企业员工的工作绩效，而且其也被用于研究消费者行为（王建明和贺爱忠，2011）。马丁科等（Martinko et al.，2011）表明，归因理论可以用来对所有的奖惩行为进行解释。当企业社会失责被媒体曝光后，利益相关者会根据个人的动机以及所掌握的信息对社会失责信息进行归因判断，接着产生情绪反应，从而会影响利益相关者行为。在本书的研究背景下，投资者会根据媒体曝光的企业社会失责信息、企业声誉这一特殊的信号、基于社交媒体的投资者情绪、个人价值观念和行为动机来建立企业社会失责行为的归因，进而产生行为反应。

2.6　现有研究的评述

纵观企业社会失责媒体曝光的相关理论研究，早期的研究将注意力倾注于探寻企业社会失责媒体曝光产生的原因，以及企业社会失责媒体曝光带来的经济后果（Bednar et al.，2013；Hericher and Bridoux，2023；杨德明和令媛媛，2011）。通过对国内外文献的回顾，本书发现，以往的研究尝试具有很高的价值，为我们更加深入地进行研究打下了坚实的基础。总结起来，以往的研究提供了以下四个方面的启示。

首先，以往研究对企业社会失责的概念进行了众多探讨，促进企业社会失责概念体系的逐步建立与完善（Lin-Hi and Müller，2013；Max and Xue，2023）。而且，以往研究提出企业社会失责并非企业社会责任研究的一部分，开启了学术界对企业社会失责的研究热情。

其次，随着媒体影响力的大幅度提升，企业社会失责媒体曝光这一研究问题得到了研究领域的关注。以往的研究从多个研究视角出发分析了企业社会失责媒体曝光的原因以及其经济后果，这些研究为探讨企业社会失责媒体曝光对利益相关者反应的影响提供了理论借鉴。

再次，企业声誉作为一种重要的无形资源，有助于企业创造竞争优势。由于企业声誉在实践中的重要性，理论研究领域对企业声誉的关注度有增无减。而且，现有研究关注了企业声誉在企业社会失责媒体曝光背景下的作用。这为本书进一步研究企业声誉如何影响企业社会失责媒体曝光与投资者反应之间的关系提供了依据。

最后，企业社会失责媒体曝光对投资者反应的影响过程中，投资者自身动机、情绪、价值观念等会影响投资者对企业社会失责行为的归因。作为投资者情绪的重要表现，基于社交媒体的投资者情绪对投资者反应有着重要的影响，以往的研究对此进行了关注。这就启发本书考虑基于社交媒体的投资者情绪的作用。

尽管以往的研究已经取得十分有益的研究成果，但是从中不难发现，企业社会失责媒体曝光研究的"分散化特征"，且忽略投资者对不同维度企业社会失责媒体曝光的反应。企业声誉这种信号在企业社会失责媒体曝光背景下的作用存在争议。此外，在企业社会失责媒体曝光的背景下，由于社交媒体深入人们生活的方方面面，基于社交媒体的投资者情绪产生。然而，基于社交媒体的情绪在企业社会失责媒体曝光与投资者反应的关系中扮演何种角色的理论研究十分有限。总之，现有研究存在一定的局限性，这就导致了我们对企业社会失责媒体曝光对投资者反应的影响机制理解十分有限。本书将现有研究存在的问题总结如下。

（1）企业社会失责媒体曝光的研究缺乏系统化视角。本章梳理了企业社会失责媒体曝光的概念，归纳了以往与企业社会失责媒体曝光有关的研究。通过细致的文献梳理，本书发现，企业社会失责的研究于 20 世纪 60 年代开始陆续出现。随着媒体影响力的深入，学者们研究了企业社会失责媒体曝光。虽然学者们的有关研究取得了重大突破，企业社会失责媒体曝光的现有文献仍然存在一定的局限。具体体现在以下三个方面。

第一，现有对企业社会失责媒体曝光的概念和维度划分的研究较为分散，缺乏一致性。由于企业社会失责这一概念内涵丰富，企业社会失责媒体曝光的基本内涵和外延同样丰富，包括绿色失责、社会层面失责和治理失责媒体曝光三个维度的内容。现有企业社会失责媒体曝光研究有限，而且有关的研究呈现出明显的"分散化"特征，主要表现在分散地关注企业环境问题、产品伤害和治理问题的媒体曝光对企业绩效的影响。这种分散化的研究给后续有关企业社会失责媒体曝光的研究带来困惑，由此，现有研究未能充分揭示企业社会失责媒体曝光的问题。

第二，虽然不少研究探讨了企业社会失责媒体曝光对利益相关者反应会产生一定的影响，但是研究结论缺乏系统性。在现有企业社会失责媒体曝光的经济后果研究中，利益相关者对企业失责媒体曝光的反应往往成为关注的焦点（Hericher and Bridoux，2023）。然而，利益相关者对不同维度的社会失责媒体曝光的反应以及选择性反应缺乏理论关注。由于不同维度的企业社会失责与企业的核心价值链的距离不同，利益相关者会着重关注企业的某种行为而忽略另外一些行为（Groening and Kanuri，2013）。因此，忽略这种选择性反应机制，粗略地分析企业社会失责媒体曝光的经济后果可能得出不准确甚至误导性的研究结论。

第三，大部分关于企业社会失责媒体曝光的研究集中于单一企业的案例，缺乏大样本实证研究分析企业社会失责媒体曝光的经济后果。比如，俞欣、郑颖和张鹏（2011）研究了企业治理失责媒体曝光与企业股票价格的关系。具体案例的研究有助于学术界对某一理论的理解更加充分，然而，个体案例均有自身不可复制的特点，研究结论不具有普遍性。大样本实证研究可以弥补案例研究的研究结论不具有普遍性的缺点，得出具有一般性的结论。

上述三个方面的局限给本书提供了契机，在对企业社会失责媒体曝光的经济后果研究，我们必须转换现有分析视角。将不同维度的企业社会失责媒体曝光整合起来，系统地论述不同维度的企业社会失责媒体曝光对投资反应的影响，采用大样本展开实证研究，从而形成对企业社会失责媒体曝光经济后果的全新认识。

（2）企业声誉作用之谜给企业声誉管理带来挑战。企业声誉是一种重要的无形资产，良好声誉的建立和维护需要企业长期的努力，而声誉损害往往发生于旦夕间（Deephouse et al.，2016）。通过文献综述，本书发现，企业声誉的研究尚存在一些不足。

第一，本书发现，关于在企业社会失责媒体曝光背景下企业声誉作用的现有文献存在着利弊之争，且这种争论呈现愈演愈烈的趋势。这在某种程度上意味着企业社会失责媒体曝光背景下企业声誉的作用机理仍不清晰。

第二，虽然有关企业声誉的研究众多，但是有关企业声誉的实证研究大多将其当作单一维度的构念，得到了许多不一致的研究结论。尤其是在企业声誉充当自变量的文献中研究结论不一致的情况更甚。

因此，本书通过分析指出，导致企业社会失责媒体曝光背景下企业声誉作用争论的可能原因之一是以往许多研究将企业声誉当作一维的概念。虽然众多研究者号召将声誉分为不同的维度进行实证研究，然而，在实际的研究中，这一号召一直没有得到很好的响应。

（3）结合新理念、新要素的研究不足。随着网络技术的快速发展，以及

Web 2.0 技术广泛的运用，社交媒体使地域和时间的限制被打破。在此背景下，社交媒体吸引了许多研究人员的关注，成为信息系统和市场营销领域最为广泛的研究主题之一。投资者之间可以通过社交媒体实时地与他人交流证券市场和个股信息（Booker et al.，2023）。学术领域也关注了基于社交媒体的投资者情绪这一问题，有关的研究主要集中于基于社交媒体的投资者情绪对投资行为的影响。虽然基于社交媒体的投资者情绪的研究取得了一定的进展，本书发现，企业声誉的研究尚存在一些不足。

第一，以往的研究倡导在构建与投资者行为问题有关的理论模型时，应该将社交媒体这一因素考虑进来（Ramassa and Fabio，2016）。然而，这一倡导并没有得到较好的响应。

第二，不同渠道的信息通过社交媒体对信息的裂变功能在投资者群体中快速传播，从而影响投资者的决策和行为。当面对企业社会失责媒体曝光时，投资者通过社交平台发布的用户生成的内容，可以反映其情绪信息，从而可以用来预测其行为反应。然而，以往的学者在探讨企业社会失责媒体曝光的有关问题时，忽略了实践中广泛运用的社交媒体这一新要素。

第三，通过对基于社交媒体的投资者情绪的研究进行综述，本书发现，现今有关的研究大多在西方背景下展开的，而且主要关注基于社交媒体的投资者情绪作为自变量的情形。由于在中国社交媒体的应用起步较晚，国内研究者对基于社交媒体的投资者情绪的研究不全面、不系统，同西方研究类似，我国的学者主要研究的是基于社交媒体的投资者情绪作为自变量的情况。

鉴于以上分析，本书立足于中国背景，将基于社交媒体的投资者情绪引入了企业社会失责媒体曝光与投资者反应的关系中，以打开企业社会失责媒体曝光与投资者反应关系的"黑箱"。

2.7　本章小结

近年来，企业的各利益相关群体以及企业自身的社会责任意识不断增强，越来越多的企业开始重视并主动承担经济的、法律的、道德的以及慈善的责任。然而，部分企业为了获取自身利润最大化出现了社会失责行为。企业由于担心社会失责行为信息的自主披露会损害自身利益而选择隐瞒相关的信息。信息时代的到来以及媒体不断发展壮大使得企业社会失责问题难以隐藏，媒体成为曝光企业社会失责行为信息的重要外部渠道。由此，企业社会失责媒体曝光成为了学术界关注的热点问题。本章系统地回顾了企业社会失责媒体曝光、投资者反应、企业声誉以及基于社交媒体的投资者情绪等有关文献。通过研究回顾，我们找出现有研究的局限性以及本书的研究契机。任何研究都需要有一定的理论基石，本章对利益相关者理论、归因理论和信号传递理论的内容进行了综述，并且分析这三大理论可以用来解释本书理论模型的原因。本章内容为下面详细构建研究模型以及阐述各个变量之间的关系铺平了道路。

第3章 概念模型及假设提出

根据第 2 章的研究综述，本书指出，企业社会失责媒体曝光对投资者反应的内在作用机制构成了一个"黑箱"问题，即现有研究对企业社会失责媒体曝光与投资者反应之间的内在机制缺乏深入分析。为了更加清楚地了解企业社会失责媒体曝光对投资者反应的作用机制，本书试图通过三个方面的研究以及回答四个研究问题来打开这个"黑箱"：第一个方面的研究是将企业社会失责媒体曝光划分为企业绿色失责媒体曝光、企业社会层面失责媒体曝光以及企业治理失责媒体曝光三个不同的维度，探讨这三个维度企业社会失责媒体曝光与投资者反应的关系，以及研究三个维度企业社会失责媒体曝光对投资者反应影响的差别；第二个方面的研究是探究企业声誉的知名度和美誉度维度在企业社会失责媒体曝光与投资者反应之间的不同调节作用；第三个方面的研究关注的是基于社交媒体的投资者情绪在企业社会失责媒体曝光与投资者反应之间的中介作用。

3.1 概念模型的提出

本书以三个联系紧密与互补的理论观点为依据来提出概念模型。本书首先以利益相关者理论为基础，解释为什么投资者会对企业社会失责媒体曝光产生反应。然而，利益相关者理论无法清楚地揭示企业社会失责媒体曝光"何时（调节因素）"，以及"如何（中介因素）"影响投资者反应。在此情形下，本书引入信号传递理论以及归因理论进一步完善本书研究的概念模型。

3.1.1 利益相关者理论视角下企业社会失责媒体曝光对投资者反应的作用

任何企业的经营管理活动均嵌入在与其有关的利益相关者网络之中，这种嵌入意味着企业的生存和发展与其所在的利益相关者网络中各利益相关者的支持密切相关。基于利益相关者理论的观点，企业应采取措施保护和改善社会福利，即应承担社会责任以获取利益相关者的资源。鉴于利益相关者的支持是企业生存与发展的基础，越来越多的企业将践行企业社会责任纳入其经营管理实践中。然而，部分企业仍然有意或者无意地出现社会失责的行为。纵观层出不穷的企业社会失责媒体曝光问题，本书发现，企业社会失责媒体曝光可能会导致各利益相关群体对企业社会责任的履行情况产生怀疑。为了缓解企业社会失责媒体曝光的负面影响，企业界和学术界开始重视企业社会失责媒体曝光问题。在实践领域，一些网购平台，如京东商城和天猫超市，就被广泛曝光与批评的快递垃圾问题进行了改善，争相推出"纸箱回收，绿色环保"计划。在理论研究领域，利益相关者理论的观点强调企业经营活动离不开利益相关者的资源投入，同时受到利益相关者的制约。由于利益相关者在企业中投入了专项资产，因此，各利益相关者会对企业的经营活动产生反应（Freeman，1984）。

总结以往的文献，利益相关者对企业社会失责媒体曝光的反应问题得到了重视。由于利益相关者的类型不同，利益相关者对企业社会失责媒体曝光的反应存在着一定的差别。比如，当社会失责的信息进入不同类型利益相关者的视野时，员工的工作积极性将会随之降低（Koch-Bayram and Biemann，2024）；消费者将会抵制企业的产品或者服务；供应商将会终止与企业的合作；相关政府部门可能会对企业社会失责问题进行制裁，此时企业可能会面临巨额罚款、政府补贴将会减少，等等（Baron and Diermeier，2007）。作为企业利益相关者重要组成部分的投资者对企业社会失责媒体曝光的反应也得到了一定的研究关注（Tetlock，2007；Tan et al.，2024）。根据利益相关者理论的观点，投资者会因企业履行社会责任行为产生积极反应，而对企业社会失责行为作出消极反应。投资者对企业社会失责行为的反应基于其是否拥有相关信息（Ma and Xue，2023）。如果一个投资者完全不知道企业社会失责行为的信息，其就无从就企业社会失责行为产生反应。实际上，由于信息不对称性、投资者认知能力以及认知精力的限制，不参与企业经营管理的投资者并非总是能够了解企业社会失责行为的信息。媒体曝光向投资者提供了获取企业社会失责行为有关信息的渠道，投资者会根据其获取的企业社会失责行为信息进行反应。

综上所述，图3-1显示了利益相关者理论视角下的企业社会失责媒体曝光对投资者反应的作用。当投资者获取了企业社会失责行为的信息，其会产生一定的反应。然而，利益相关者理论在解释投资者对企业社会失责媒体曝光的反应时，存在一定的研究局限。主要表现在：探讨投资者对企业社会失责媒体曝光的反应时，很少将利害关系、投资者特质、企业特征、企业行为的不同属性等因素考虑进来。这些因素会影响利益相关者对企业社会失责媒体曝光的反应。忽略这些因素，粗略地分析企业社会失责媒体曝光与投资者反应的关系可能得出不准确甚至误导性的结论。因此，需要结合其他理论进一步阐述企业社会失责媒体曝光对投资者反应的作用。

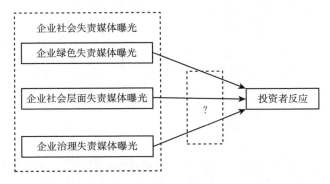

图3-1　利益相关者理论视角下的企业社会失责媒体曝光对投资者反应的作用

3.1.2　引入信号传递理论，补充利益相关者理论对企业社会失责媒体曝光与投资者反应之间关系解释的不足

基于信号传递理论的观点，企业与投资者之间存在着信息不对称（Morris，1987）。在信息不对称的情形下，企业内部管理者了解企业运营的真实状况，而投资者很难掌握企业的真实信息，信号的存在有助于投资者更好地作出决策。正如本书第2章信号传递理论综述中所写，信号与信息存在着差别。要成

为股票市场上的信号需要满足以下两个标准：第一，信号是可以被观察到的。投资者难以判断上市公司真实的经营管理状况，但可以直接观察到信号。第二，市场信号必须与上市公司的质量有关。此外，市场信号具有成本，而且成本与上市公司的质量成反比。根据这两个信号的特征，对于投资者来说，企业社会失责媒体曝光以及企业声誉均是可以被直接观察到的信号。由此可见，信号理论可以补充解释企业社会失责媒体曝光与投资者反应之间的关系。由于被媒体曝光的企业在媒体曝光前已经在投资者心目中积累了一定的声誉（或好的声誉或坏的声誉），企业社会失责媒体曝光对投资者反应的作用过程中不可避免地受到企业声誉这种信号的影响，因此，在模型中考虑加入企业声誉的调节作用十分必要。考虑到企业声誉这种信号的作用时，企业社会失责媒体曝光的作用过程如图 3 – 2 所示。

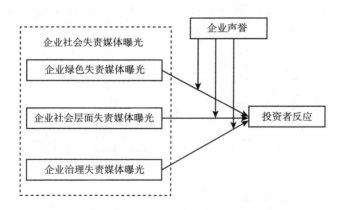

图 3 – 2　考虑企业声誉时企业社会失责媒体曝光对投资者反应的作用

3.1.3　进一步引入归因理论，考虑基于社交媒体的投资者情绪的作用

归因是个人对自身或者他人行为原因的认知过程。根据归因理论的观点，个体倾向于寻找某一事件发生的背后原因。尤其对于负面或者意料之外的事件，个体会更加积极地进行归因（Weiner，1974）。通过对所观察到的行为进行归因，个体将决定采取何种行动。归因过程可以看作一个信息加工过程，在这一过程中，企业利益相关者对企业行为产生的原因和责任进行推断。当企业

社会失责的行为被媒体曝光后，利益相关者将根据个人积累的信息和知识、个人的情绪来推断企业行为产生的原因，然后对企业行为产生反应。

作为一类重要的利益相关者，投资者的个人情绪会影响其对企业社会失责行为的归因。尤其地，由于社交媒体的蓬勃发展，其影响范围大幅度增加。投资者倾向于在社交媒体上表达个体的情绪。因此，当企业社会失责的行为被媒体曝光后，基于社交媒体的投资者情绪会影响投资者对企业社会失责行为的归因，然后作用于投资者反应。此外，投资者不仅仅依赖于基于社交媒体的投资者情绪进行归因，而且会根据包括媒体曝光的企业社会失责行为的信息、企业声誉在内的其他因素进行归因。由此，考虑到基于社交媒体的投资者情绪的作用时，企业社会失责媒体曝光的作用过程如图 3-3 所示。

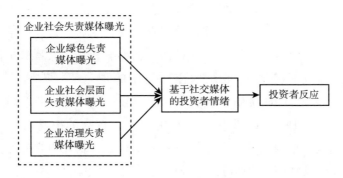

图 3-3 考虑基于社交媒体的投资者情绪时企业社会失责媒体曝光对投资者反应的作用

3.1.4 概念模型的形成

根据文献综述，本书发现，企业社会失责媒体曝光涉及一系列损害不同利益相关者群体利益的行为。因此，学者们主张将企业社会失责媒体曝光划分为多个维度展开研究。现有研究对三个维度企业社会失责媒体曝光与投资者反应之间的关系均有探讨，然而，这些研究结论不一，而且现有研究大多单独探讨单个维度企业社会失责媒体曝光对投资者反应的影响。事实上，投资者可能有选择性地对企业社会失责媒体曝光的不同维度作出反应。例如，米切尔等（Mitchell et al.，1997）指出，由于环境保护与企业核心价值链的关系并不密切，投资者对企业绿色失责媒体曝光的反应并不强烈。格罗宁和卡努里（Groening and Kanuri，2013）认为，投资者对企业社会层面失责媒体曝光的反应强于对企业绿色失责媒体曝光的反应。俞欣、郑颖和张鹏（2011）表明，媒体对公司治理过程中存在的问题进行的报道直接关系到投资者自身的利益，涉及治理失责的企业可能遭到投资者的强烈反对。尽管部分研究指出投资者会对不同维度的企业社会失责媒体曝光产生不同反应，现有研究尚未清晰阐明投资者对三个维度的企业社会失责媒体曝光的选择性反应机制。鉴于此，本书将企业社会失责媒体曝光分为三个不同维度，研究不同维度企业社会失责媒体曝光对投资者反应的影响以及影响的差别。

企业社会失责媒体曝光对投资者反应的作用机制的现有研究中存在着一个分歧。即企业声誉如何影响企业社会失责媒体曝光与投资者反应之间的关系。作为一种难以替代与模仿的无形资源，企业声誉有助于其在激烈的市场竞争中获取和保持优势地位。信号传递理论的观点认为，企业声誉具有信号价值，而且利益相关者理论认为，企业声誉这种信号会影响利益相关者决策的制定。以往研究提供了企业声誉对企业绩效作用机制的理论依据。例如，迪普豪斯（Deephouse，2000）的实证研究表明，企业声誉正向影响企业绩效。罗伯茨和道林（Roberts and Dowling，2002）的研究显示，较高的声誉有助于企业持续获取较高的利润。在企业社会失责媒体曝光情景下，企业声誉的作用也得到了众多研究的关注（Dean，2004）。遗憾的是，国内外的研究虽然探讨了企业声誉如何影响企业社会失责媒体曝光与投资者反应的关系，但是仍没有得到一致的结论。本书认为，造成这一问题的原因是企业声誉是一个多维度的构念。企业声誉包含利益相关者对企业的熟悉程度以及利益相关者对企业主观的价值判断。利益相关者对企业的熟悉程度即企业知名度，而利益相关者对企业主观的价值判断是指企业美誉度。

在企业社会失责媒体曝光的背景下，一个值得关注的问题是基于社交媒体的投资者情绪。由于社交媒体有助于广泛的利益相关者之间的快速沟通，它是利益相关者传递信号的重要平台。与传统媒体不同，社会媒体平台是基于 Web 2.0 技术形成的强互动平台，它允许用户交互式创建、共享、交流和交换信息（Li et al.，2021）。其吸引了众多投资者在社交媒体上进行信息的搜寻和观点的表达（Rishika et al.，2013）。由于具有匿名性和自发性的特征，社交媒体上的用户生成的内容能够更加直接地反映投资者情绪。通过对基于社交媒体的投资者情绪的研究进行综述，以往研究大多关注基于社交媒体的投资者情绪作为自变量的情形。然而，在企业社会失责媒体曝光的情况下，投资者在社交媒体上交换信息的动机增强，基于社交媒体的投资者情绪产生。而这种情绪在社交媒体用户的互动过程中对投资者决策产生影响。基于社交媒体的投资者情绪在企业社会失责媒体曝光与投资者反应的关系中充当桥梁作用，引入基于社交媒体的投资者情绪这一变量有助于打开企业社会失责媒体曝光与投资者反应关系的"黑箱"。

　　基于以上分析，尽管实践领域和学术界对企业社会失责媒体曝光的关注方兴未艾，然而，现有研究关于企业社会失责媒体披露与投资者反应之间关系机制的研究存在着局限。第一个局限是利益相关者，特别是投资者，对不同维度企业社会失责媒体曝光的反应以及选择性反应缺乏充分的理论阐释和实证检验。第二个局限是关于企业声誉对企业社会失责媒体曝光和投资者反应之间关系的影响并未取得一致的研究结论。第三个局限是随着网络技术的快速发展以及互联网使用的普及，社交媒体以新的方式为用户提供信息获取和分享。投资者获取和传播信息的效率不断提高。在这种情况下，社交媒体吸引了许多研究人员和从业者的关注。基于社交媒体的投资者情绪在企业社会失责媒体曝光与投资者反应关系中的作用应该给予更多的研究关注。在识别了上述三个研究局限以后，我们建立了研究模型并提出理论假设，并采用中国沪深上市公司企业社会失责媒体曝光数据对本书的假设进行实证检验，从而弥补企业社会失责媒体曝光的经济后果研究中存在的局限。同时，为面临企业社会失责媒体曝光的企业提供理论指导。本书将概念模型与假设提出绘制于图 3-4 中。

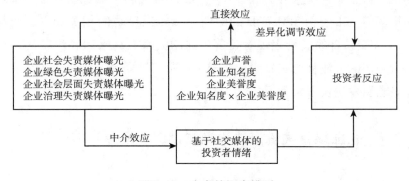

图 3-4　本书的概念模型

3.2 有关直接效应的假设

　　根据利益相关者理论的观点，企业的经营管理活动受到众多利益相关者的制约（Freeman and Evan，1990）。作为企业的一类重要的利益相关者，投资者对企业行为的反应通常建立在已获取的有关企业信息的基础之上。然而，信息不对称性普遍存在于投资者和企业之间。由于企业社会失责这种信息具有特殊性，企业出于自身利益的考量，很少主动披露有关社会失责的信息。在这种情况下，媒体成为了投资者了解企业社会失责信息的重要渠道（Ma and Xue，2023）。媒体对企业社会失责行为的曝光意味着媒体向投资者传递了一个信号，投资者会根据这一信号以及其他因素对企业社会失责进行归因，从而作出决策。由此，企业社会失责媒体曝光必然会对投资反应产生影响（Lee et al.，2015）。学者们对企业社会失责媒体曝光与投资者反应的关系进行了关注。许多研究基于不同的研究背景、不同的研究视角和不同的分析方法，对企业社会失责媒体曝光与投资者反应之间关系进行了探讨。例如，戴维森和沃雷尔（Davidson and Worrell，1988）研究表明，投资者对有关企业社会失责的新闻存在着消极的反应。埃利奥特等（Elliott et al.，2014）指出，企业社会责任承担的状况会影响投资者对企业价值的评估，投资者对涉及社会失责的企业的基本价值评估较低。国内学者同样指出，企业社会失责媒体曝光会影响投资者反应。例如，权小锋、尹洪英和吴红军（2015）以创业板上市公司的数据为研究样本探讨了媒体报道对企业首次公开募股（IPO）股价表现的影响，研究结果显示，负面媒体报道与上市公司 IPO 首日的即期表现并无显著的相关关系，而与公司 IPO 后 10 个交易日的股价表现有显著负向的关系。马永远和沈奥（2022）以沪深上市公司的企业社会失责事件为样本进行实证研究，结果表明企业社会失责媒体曝光引发投资者负面反应。

3.2.1 企业绿色失责媒体曝光与投资者反应

　　学者们对本书探讨的企业绿色失责媒体曝光与投资者反应关系这一问题的研究方兴未艾（Albitar et al.，2023）。其中，西方学者对企业绿色失责媒体曝光在投资者反应中的作用进行了关注。比如，克拉森和麦克劳林（Klassen and McLaughlin，1996）通过事件研究法对企业绿色管理和财务绩效的关系进行了研究，结果表明，企业绿色失责促使企业投资者产生负面的反应。海因克尔等（Heinkel et al.，2001）指出，部分投资者会对造成环境污染的企业产生消极的反应，即当有关企业的绿色失责行为信息被投资者得知时，绿色投资者会减少对这些企业的投资。古普塔和戈尔达（Gupta and Goldar，2005）基于印度造纸、汽车和合金行业的实证研究结果表明，当投资者得知企业绿色失责的信息时，会对这些绿色失责行为进行制裁。在国内的研究中，李培功和沈艺峰（2011）指出，社会规范对机构投资者具有约束作用，在社会规范的约束下，机构投资者会减少对涉及绿色失责的企业进行投资。沈红波、谢越和陈峥嵘（2012）以紫金矿业污染事件为例分析了企业绿色失责的市场效应，实证结果表明，A 股和 H 股市场均会对重大绿色失责行为作出负面反应。孔东民、刘莎莎和应千伟（2013）基于手工收集 2010 年以来的污染事件和股票市场数据的实证研究结果表明，投资者会对由媒体曝光的绿色失责事件进行制裁。

　　基于以往的研究，本书主要探讨企业绿色失责媒体曝光对投资者反应的作用机理和途径。投资者会根据自身掌握的信息作出反应，而媒体曝光企业绿色失责相当于媒体向投资者传递信息的行为，投资者在接收到信息后，会改变对有关企业股票价值的原有预期。具体地，首先，媒体的一个重要特性是能够快速地引起众多利益相关者对某一事件的关注（Jia and Zhang，2014）。媒体报道有助于降低利益相关者的信息搜索成本，提高信息透明度，使得绿色失责这一信息被利益相关者所知。这就意味着媒体曝光能够引起众多投资者对企业绿色失责信息的关注。其次，媒体报道可以影响利益相关群体对经济与管理问题的认知和反应（Cheng et al.，2015）。当与绿色失责相关的企业信息被媒体曝光后，作为理性的投资者会根据这些信息进行决策。企业绿色失责意味着企业在绿色管理方面意识薄弱，没有将环境保护理念纳入企业经营管理活动中。当投资者从媒体处得知企业绿色失责信息时，会预期公司未来可能支付因绿色失责问题带来的成本（Nunes et al.，2021）。从而，投资者将产生消极的反应。最后，企业绿色失责媒体曝光越多，企业绿色失责信息传播的范围就越广，这会使更多的投资者掌握到企业绿色失责的信息，并最终导致投资者的不满或者不合作。根据这一逻辑，本书提出假设 1a 和假设 1b。

　　假设 1a：企业绿色失责媒体曝光促使投资者产生消极反应。

假设 1b：企业绿色失责媒体曝光越多，投资者反应越消极。

3.2.2　企业社会层面失责媒体曝光与投资者反应

现有研究探讨了企业社会层面失责媒体曝光与投资者反应的直接或间接关系（Ayed and Waxin，2023）。其中，许多国外研究指出，企业社会层面失责媒体曝光会促使投资者产生消极的反应。王等（Wang et al.，2002）运用事件研究法探讨了投资者对食品召回事件的行为反应，研究结果表明，食品召回引发了企业股票收益率的变动。格罗宁和卡努里（Groening and Kanuri，2016）指出，比起涉及环境和社区等利益相关者利益的新闻，投资者对涉及客户和雇员等利益相关者利益的新闻更为敏感。欧阳等（Ouyang et al.，2018）以中国上市公司为研究对象进行实证研究，研究指出，证券市场会对企业安全生产事故披露产生消极的反应。国内学者也关注了企业社会层面失责媒体曝光与投资者反应的关系。李培功、醋卫华和肖珉（2011）以 2004~2009 年发生的缺陷汽车召回事件为样本，研究了投资者对召回厂商的反应，研究发现，投资者会对召回厂商产生负面的反应，且召回事件具有负的行业外部性。熊艳、李常青和魏志华（2011）通过对"霸王事件"进行案例分析，分析结果发现，媒体具有制造"轰动效应"的倾向，这种倾向会给投资者带来恐慌心理。刘晓阳（2014）以 2002~2012 年发生的 58 起生产安全事故的 A 股上市公司为研究样本，运用事件研究法分析了投资者对发生安全事故企业产生的何种反应，实证研究结果表明，投资者对发生生产安全事故的企业作出了显著的消极反应。殷红（2015）以伊利股份奶粉安全问题媒体曝光为案例，研究了企业社会层面失责媒体曝光与投资者反应的关系，检验结果表明，伊利股份产品质量问题引起了投资者的消极反应。

接下来，本书探讨了企业社会层面失责媒体曝光对投资者反应的作用机理和途径。首先，当媒体报道了某企业的社会层面失责信息时，这些信息传递到投资者视野，引发投资者对负面信息的重视（马永远和沈奥，2022）。投资者会根据负面的媒体报道重新对企业股票的投资价值进行评价，从而影响投资者反应。其次，企业社会层面失责媒体曝光虽未直接损害投资者的利益，但这种报道容易引发公共的舆论压力，从而引起投资者对这些问题的重视（Kiousis et al.，2007）。最后，媒体对企业社会层面失责曝光的增加促使投资者更加深入地了解事件的发生原因，影响投资者对企业已有经营状况的认知，增加投资者对事件的反应强度。因此，企业社会层面失责媒体曝光越多，投资者认为这一事件对企业的损害越严重，从而导致投资者对该企业股票的未来回报率的预期降低。从而提出假设 2a 和假设 2b。

假设 2a：企业社会层面失责媒体曝光促使投资者产生消极反应。

假设 2b：企业社会层面失责媒体曝光越多，投资者反应越消极。

3.2.3 企业治理失责媒体曝光与投资者反应

就企业治理失责媒体曝光与投资者反应之间的关系，以往的学者对此进行了细致的探讨。其中，西方学者详细阐述了企业治理失责媒体曝光对投资者反应的影响。斯泰斯（Stice，1991）对华尔街日报刊登的盈利公告信息和股票价格进行分析，研究了新闻媒体报道与投资者反应之间的关系，结果发现，投资者的确会对新闻报道产生反应。乔等（Joe et al.，2009）研究发现，金融报纸的负面报道会影响投资者对股票和整个市场的信心。杰加代什和吴（Jegadeesh and Wu，2013）通过内容分析法研究了媒体在资本市场中的作用，研究结果表明，媒体负面报道引致了股价波动。国内的学者对企业治理失责媒体曝光与投资者反应的关系同样提供了富有远见的见解。徐莉萍和辛宇（2011）的研究表明，媒体对非流通股股东的监督越强，这些非流通股股东从股权分置中所获得的好处或私利也就相对较少，中小流通股股东向非流通股股东要求的对价更低。杨德明和赵璨（2012）关注了公司治理中的高管薪酬乱象问题，对 2006～2009 年上市公司媒体报道数据和相关财务数据进行了实证检验，检验结果表明，媒体对薪酬乱象的企业进行曝光并不能促使高管薪酬合理化。陈红、邓少华和尹树森（2014）以 2008～2012 年的 A 股上市公司为样本，探讨了媒体治理职能的作用机制，研究结果表明，媒体曝光能够缓解股东与管理层、大股东与中小投资者之间的利益冲突。

从前面的分析可以看出，以往的研究基于多种视角或采用不同的分析方法，直接或间接地讨论了企业治理失责媒体曝光对投资者反应的作用。接下来，本书探讨企业治理失责媒体曝光对投资者反应的影响机理。首先，根据媒体议程设置理论，媒体通过对企业治理失责的曝光，能够引起投资者对企业治理失责行为的关注。其次，信息不对称性存在于企业与投资者之间（Watanabe，2008）。由于企业外部投资者的认知能力和认知精力有限，加上有关企业对治理失责信息的隐瞒，外部投资者处于相对信息劣势地位。通过对企业信息的收集、处理和传播，媒体使得投资者的信息劣势地位得到改善。媒体将企业内部治理信息传递给投资者，使投资者充分了解企业治理失责的信息（Ma and Xue，2023）。最后，根据媒体议程设置理论的观点，媒体具有重复报道某种信息的倾向，以提高所报道的信息在公众心目中的重要性。舍费尔和特克斯伯里（Scheufele and Tewksbury，2007）指出，媒体报道虽然不能左右大众对某一事件的见解，但是可以通过有倾向地对这一事件重复报道来设置议题，提高大众对这一事件的关注度。也就是说，媒体对某类信息传播的增加，会影响投资者对该信息的关注度。媒体传递的某一企业治理失责的信息越多，则会吸引投资者更多地关注这一企业治理失责行为。从而使投资者产生更加消极的反应。提出假设 3a 和假设 3b。

假设 3a：企业治理失责媒体曝光促使投资者产生消极反应。

假设 3b：企业治理失责媒体曝光越多，投资者反应越消极。

3.2.4　投资者对三个维度企业社会失责媒体曝光的选择性反应

随着经济、环境与社会三者之间冲突的加剧，可持续发展观念应运而生。可持续发展的要求赋予投资者新的思考方式（Barka et al.，2023）。如今，社会责任投资成为了新的发展方向。即投资者在进行投资决策时考虑企业是否承担了绿色、社会层面和治理等责任。对于绿色责任投资方面，在宏观层面，由于许多国家对企业环境保护进行了较为明确的法律规定，投资者已经将生态环境保护和资源节约，即绿色理念融入他们的投资决策中。在微观层面，由于企业的环境表现与不可预期的环境负债信息息息相关（Chen et al.，2014），如果一个企业的环境表现较差，则会对其业绩产生一定的影响，甚至于受到国家法律的制裁，损害投资者利益。

企业主动承担对员工、社区和客户的责任相当于向利益相关者传递一种企业在经营活动中考虑到利益相关者利益的信号，有助于企业与外部利益相关者建立良好的关系，从而积累较高的道德资本（Godfrey et al.，2009）。反之，企业有损员工、社区和客户利益的行为则传递出相反的信号，损害其与利益相关者的关系。作为企业的一类重要的利益相关者，投资者会根据这种信号进行投资决策。

长期以来，公司治理对投资者的重要性得到了广泛的认可。自詹森和梅克林（Jensen and Meckling，1976）的研究以来，公司治理一直是学术界关注的研究热点。以委托代理理论为分析框架，早期公司治理研究关注的是对经理人的激励和约束问题。随着新产权理论的提出，基于投资者保护视角来研究公司治理和公司融资问题逐步得到学者的重视（肖作平，2007）。在资本市场上，投资者是否愿意对企业进行投资取决于他们预期获得的投资回报。预期投资回报好的企业股票，投资者才会愿意持有。企业通过积极履行治理责任，承担对投资者的责任，才会赢得投资者的青睐。反之，倘若一个企业的经理人员以牺牲投资者的利益为代价占用企业的资源自用，这些行为势必导致代理成本的增加以及投资者的回报降低。

通过上述分析，虽然企业绿色失责媒体曝光、企业社会层面失责媒体曝光以及企业治理失责媒体曝光均会影响投资者反应，这三种不同维度的社会失责媒体曝光对投资者反应的影响程度有所差异。格罗宁和卡努里（Groening and Kanuri，2016）指出，企业社会失责的行为涉及多种不同类型的利益相关者利益，涉及不同类型利益相关者利益的企业社会失责行为对投资者的意义不同。企业治理失责直接损害了投资者的利益，与投资者的利害关系较强。然而，阳建辉（2015）指出，绿色失责虽然具有很强的外部性，但是其与投资者个体的利害关系相对较弱。同样地，米切尔和伯纳尔（Mitchell and Bernauer，1998）指出，由于环境与企业核心价值链的距离较远，而且与企业价值的直接联系难以确认，因此，绿色失责往往被投资者视为不那么重要。企业的员工和客户与企业核心价值链较近，企业对员工和客户利益损害的财务结果对投资者来说更容易衡量。由此，本书提出假设 4。

假设 4：在三大维度的企业社会失责媒体曝光中，企业治理失责媒体曝光对投资者反应的消极影响最强，企业社会层面失责媒体曝光对投资者反应的消极影响次之，企业绿色失责媒体曝光对投资者反应的消极影响最弱。

3.3　有关调节效应的假设

上述研究假设探讨了企业绿色失责媒体曝光、企业社会层面失责媒体曝光以及企业治理失责媒体曝光对投资者反应的直接效应。作为利益相关者对企业的客观认知和情感评价，企业声誉在三大维度企业社会失责媒体曝光与投资者反应关系中的作用需要给出相对全面的解答。本书选取企业知名度和企业美誉度两个维度进行了探讨。企业知名度是一个客观的维度，不包含利益相关者对企业的情感判断（Lange et al.，2011）。现代企业理论认为，企业是由一组显性和隐性契约构成，缔结这些契约的一方是企业的利益相关者（Kull et al.，2016）。公司声誉的知名度维度显示了多少潜在利益相关者被涵盖于显性和隐性契约中。如果这些契约涵盖大量的潜在利益相关者，企业就拥有较高知名度。企业美誉度是指利益相关者对企业的一种积极情感体验，这种情感体验建立利益相关者对企业行为认知的基础上。企业美誉度涉及利益相关者对企业主观的情感判断（Ma and Xue，2023）。

企业是一个人格化组织，与社会上的他人对个人具有认知和情感评价相同，企业知名度是指企业被多少利益相关者所熟知，反映了利益相关者对一个企业的客观认知。企业美誉度是指利益相关者对企业的情感判断。当企业绿色失责、企业社会层面失责或企业治理失责被媒体曝光后，投资者了解到这三个维度企业社会失责的信息。此时，投资者会有一个心理归因过程。而在归因过程中，投资者对企业的熟知程度和积极情感评价会影响其对失责的评估和归因（Bundy and Pfarrer，2015）。因此，本书提出企业声誉的美誉度和知名度均会影响对企业绿色失责媒体曝光、社会层面失责媒体曝光以及治理失责媒体曝光与投资者反应的关系。

3.3.1　企业知名度的调节效应

当企业具有较高知名度时，企业与其利益相关者间的信息不对称程度较低（Ariño et al.，2008；Rauch et al.，2009），企业所拥有的利益相关者网络更为庞大，从而会对企业绿色失责媒体曝光与投资者反应的关系产生影响。就企业绿色失责媒体曝光与投资者反应的关系而言，企业知名度会影响投资者对有关企业绿色失责信息的获取、对以往积累的企业信息的唤醒以及根据负面信息作出的归因，并最终对两者间的关系产生一定的影响。

具体地，企业知名度将从三个不同的方面对企业绿色失责媒体曝光度与投资者反应间的关系产生影响。首先，当企业知名度较高时，企业与利益相关者之间、企业不同类型的利益相关者之间的信息交换会更加频繁（Rindova et al.，2005）。从需求和供给理论来看，有关高知名度企业的媒体报道的受众较多，这促使了媒体对高知名度企业产生更多关注。企业知名度影响媒体对该企业绿色失责行为的曝光程度，高的企业知名度使得媒体曝光也随之增多，加剧了投资者的反应。其次，企业知名度的高低与投资者是否积累了有关这个企业的信息有关（马永远和沈奥，2022）。投资者若已经积累了一些有关该企业的负面认知和信息，一旦遇到某些诱因，这些已有的认知和信息会被触发。当面对企业绿色失责媒体曝光时，高企业知名度促使投资者唤醒以往积累的有关企业的负面信息。因此，投资者获得的企业绿色失责信息和被唤醒的以往积累的有关企业的负面信息相互叠加，可能导致投资者产生更加强烈的反应。最后，罗津和罗兹曼（Rozin and Royzman，2001）指出，人们有一种分享负面信息的倾向。当正面信息和负面信息并存时，人们往往会关注到负面信息而忽略正面信息，并且通过不断搜寻这种负面信息来强化负面体验。高企业知名度意味着企业被更多利益相关者所熟知，当面临企业绿色失责媒体曝光时，更多投资者对绿色失责信息的交流和分享将会进一步扩大负面信息传播的范围。根据以上逻辑，本书提出假设 5a。

假设 5a：企业知名度增强企业绿色失责媒体曝光对投资者反应的消极影响。

企业知名度将从三个不同的方面对企业社会层面失责媒体曝光与投资者反应间的关系产生影响。具体包括以下方面。

首先，需求和供给理论认为，媒体在对企业行为进行报道时，会考虑这些报道是否存在受众，以及受众的广度（Laberge，2006）。当企业知名度较高时，媒体报道的受众范围较广，这会使媒体对高知名度企业产生更多的关注，即企业知名度影响媒体对该企业社会层面失责的曝光次数。高的企业知名度会提高企业社会层面失责媒体曝光程度，从而促使投资者将涉及社会层面失责的企业的不利状况与股票收益相关联，并预期股票收益在未来会减少，进而产生更为强烈的反应。

其次，企业与投资者之间存在着信息不对称，信息优势方（企业）为使信息劣势方（投资者）确信其代理能力，可能选择性地向投资者披露某些信息（Mishra et al.，1998）。媒体对企业社会层面失责进行曝光则是向投资者传递了企业将员工、社区和客户的利益置之不顾的信息。方和佩雷斯（Fang and

Peress，2009）的研究指出，媒体报道所辐射的受众范围与股票收益有很大的关系。媒体曝光的负面信息作为"信号"，传播到投资者视野，高企业知名度促使媒体曝光的企业社会层面失责的信号被更为广泛的投资者所得知，从而加剧投资者的反应。

最后，高的知名度意味着媒体曝光的信号被更为广泛的投资者所得知。投资者具有传递负面信息的倾向，当企业社会层面的失责行为被媒体曝光后，对比拥有低知名度的企业，拥有高知名度的企业的社会层面失责的信息会得到更多投资者的传播。在这个过程中，企业社会层面失责的信息很容易被大范围地扩散，从而形成负面舆情，加剧投资者的消极反应。根据以上逻辑，本书提出假设5b。

假设5b：企业知名度增强企业社会层面失责媒体曝光对投资者反应的消极影响。

同样地，当面对企业治理失责媒体曝光时，企业知名度会影响投资者对企业治理失责信息的获取、对以往积累的企业信息的唤醒以及根据负面信息作出的归因，进而影响投资者消极反应的程度。企业知名度同样地将从三个不同的方面对企业治理失责媒体曝光与投资者反应之间的关系产生影响。首先，出于自身利益的考量，企业很少主动披露其治理失责的信息，媒体也就成为了监督企业治理失责的重要机制。然而，需求和供给理论认为，媒体在对企业行为进行报道时会考虑这些报道是否存在受众。当企业知名度较高时，媒体报道的受众也就较多，这会促使媒体更多地关注于高知名度企业（Wei et al.，2017）。企业知名度影响媒体对该企业治理失责信息的关注程度，高的企业知名度促使企业治理失责媒体曝光程度的提高，从而加剧了投资者的反应。其次，正如前文所述，投资者积累了有关这个企业的信息。媒体对企业治理失责的曝光是向投资者传递有关治理方面的负面信息，这种负面信息促使投资者唤醒以往积累的有关企业的负面信息。最后，企业治理失责媒体曝光在一定程度上反映了企业在治理方面存在的问题。由于企业治理失责直接损害了投资者利益，投资者会主动搜寻信息以衡量其得到的收益与付出的成本是否对等。当企业知名度高时，有关这个企业的信息比较容易获取（Coombs，2007）。投资者可以得到更多企业治理失责的信息，此时，涉及治理失责的企业对投资者而言就不再具有吸引力。根据以上逻辑，本书提出假设5c。

假设5c：企业知名度增强企业治理失责媒体曝光对投资者反应的消极影响。

3.3.2　企业美誉度的调节效应

企业声誉的美誉度代表了利益相关者对企业的积极情感体验。作为一种难以替代和模仿的无形资源，企业美誉度有助于其在激烈的市场竞争中获取和保持优势地位（Wei et al.，2017）。信号传递理论的观点认为，企业美誉度具有信号价值，美誉度这种信号会影响企业绿色失责、社会层面失责或者治理失责媒体曝光时利益相关者对企业的感知以及决策的制定。

对于企业绿色失责媒体曝光与投资者反应关系而言，企业美誉度将从以下三个不同的方面对两者之间的关系产生影响。首先，根据认知失谐理论的观点，个体需要保持心理平衡，认知矛盾的出现会打破这种心理平衡，对个体的心理状态产生不利的影响，由此个体就会作出一定的行为，以重新建立心理上的平衡（Snyder et al.，1977）。当企业美誉度较高时，企业绿色失责媒体曝光会打破投资者对企业的原有认知，产生认知矛盾和心理失调。根据自我确认偏见的观点，当存在认知失调时，个体会以与之前信念一致的方式搜索、处理和解释信息。此时，高企业美誉度可以缓冲企业绿色失责媒体曝光带来的负面影响。其次，企业美誉度会影响投资者对企业绿色失责信息的解读。投资者在对企业的某一行为进行归因时，会考虑他们以往所掌握的企业信息和以往对企业的情感评价。当面临企业绿色失责媒体曝光时，拥有高美誉度的企业可能会享受到"疑罪从无"的好处。最后，较高的美誉度能够增加投资者对企业的信任，这种信任使得企业和投资者之间保持良好的关系。在此情境下，投资者对企业绿色失责媒体曝光的消极反应就会减弱。因此，提出假设6a。

假设6a：企业美誉度减弱企业绿色失责媒体曝光度对投资者反应的消极影响。

企业美誉度也将从以下三个不同的方面影响企业社会层面失责媒体曝光与投资者反应之间的关系。首先，投资者在获悉媒体曝光的企业社会层面失责的信息后，并不会立刻对此作出反应，而是先对媒体曝光的信息进行认知和评估（Moniz and Jong，2014）。如果企业的美誉度较高，投资者会对信息的可信程度产生怀疑，这种怀疑会降低媒体曝光的影响力。其次，投资者对企业社会层面失责行为的认知决定了投资者对企业社会层面失责行为的反应。正如前文所述，高的企业美誉度会使个体以与之前信念一致的方式搜索、处理和解释信息，影响投资者对企业社会层面失责行为的认知，从而作用于投资者行为（Ma and Xue，2023）。最后，企业美誉度会使投资者与企业之间形成良好的互动。当面临企业治理失责媒体曝光时，企业与投资者的良好互动会使投资者反应减弱。因此，提出假设 6b。

假设 6b：企业美誉度减弱企业社会层面失责媒体曝光对投资者反应的消极影响。

同样地，就企业治理失责媒体曝光与投资者反应关系而言，企业美誉度也将从以下三个不同的方面对两者之间的关系产生影响。首先，作为企业的一类重要的利益相关者，投资者在对企业的某一行为进行归因和作出反应时，会将企业美誉度纳入其决策域（欧阳哲，2016）。在面临企业治理失责媒体曝光时，如果企业的美誉度较高，投资者可能会怀疑媒体曝光的治理失责信息的可信性，甚至于即使相信治理失责信息的可信性，也会认为企业是无心之失。其次，在心理学上，个体存在着选择性知觉，即个体会选择性地认知某些其想要认知的信息而自动忽略其他相反的信息的过程（李晓周和丁志国，2010）。而且选择性知觉是自动，也就是说是潜意识的（Massad et al.，1979）。再次，个体存在自我确认偏见，当面对企业治理失责媒体曝光时，个体会选择性地忽略一些负面信息，并保持与之前信念一致的方式搜索、处理和解释信息。此时，高企业美誉度就可以减弱企业治理失责媒体曝光带来的负面影响。最后，企业美誉度这一属性很可能唤起利益相关者对企业的好感度。当企业具有较高美誉度时，投资者对企业的信任度增加，这种信任使得企业和投资者保持良好的关系。当面临企业治理失责媒体曝光时，企业与投资者的良好关系会使投资者反应减弱。因此，提出假设 6c。

假设 6c：企业美誉度减弱企业治理失责媒体曝光对投资者反应的消极影响。

3.3.3　企业知名度、企业美誉度与自变量的三项交互效应

由于企业知名度和企业美誉度可能同时存在于企业中，因此，我们需要探讨这两个维度企业声誉的共同效应，以便于深入理解企业绿色失责媒体曝光、企业社会层面失责媒体曝光和企业治理失责媒体曝光对投资者反应的作用（Wei et al.，2017；Ma and Xue，2023）。本书认为，相比于单独探讨上述某一个维度企业声誉的调节作用，研究企业知名度和企业美誉度两项交互对三大维

度企业社会失责媒体曝光与投资者反应关系的影响能够更加准确地反映出现实情况，有助于我们全面、有效地解读企业绿色失责媒体曝光、社会层面失责媒体曝光与治理失责媒体曝光情境下企业声誉的作用。企业知名度会影响投资者对有关企业绿色失责、企业社会层面失责与企业治理失责信息的获取，对以往积累的企业负面信息的唤醒以及分享有关负面信息的倾向，从而作用于投资者对企业绿色失责和治理失责媒体曝光的行为反应。然而，企业美誉度有助于企业从投资者处获得更多的认可，减弱企业绿色失责、社会层面失责与治理失责媒体曝光带来的投资者反应。

当企业美誉度较低时，随着企业知名度的提高，三个维度企业社会失责媒体曝光对投资者反应的消极影响会增强。然而当企业美誉度较高时，随着企业知名度的提高，三个维度企业社会失责媒体曝光对投资者反应的消极影响会减弱。这主要根植于兼具企业知名度和企业美誉度意味着企业被利益相关者所熟知，且这些熟知企业的利益相关者对企业具有积极的情感评价（缪荣和茅宁，2005）。媒体对企业绿色失责、社会层面失责与治理失责的曝光被熟知企业的投资者所关注，然而，由于这些熟知企业的投资者对企业存有正面的评价，投资者仍会保持与之前信念一致的方式搜索、处理和解释信息。正如前面所述，企业美誉度具有信号价值，能够影响投资者在面对企业绿色失责、社会层面失责以及治理失责媒体曝光时的决策制定，缓解投资者的消极反应。从而，三大维度企业社会失责的媒体曝光的负面影响会很小。本书提出假设 7a、假设 7b、假设 7c。

假设 7a：企业知名度对企业绿色失责媒体曝光与投资者反应关系的调节作用受到企业美誉度的影响。

假设 7b：企业知名度对企业社会层面失责媒体曝光与投资者反应关系的调节作用受到企业美誉度的影响。

假设 7c：企业知名度对企业治理失责媒体曝光与投资者反应关系的调节作用受到企业美誉度的影响。

3.4 基于社交媒体的投资者情绪的中介效应的假设

与传统媒体不同，社交媒体是基于互联网技术形成的强互动平台（Herhausen et al.，2023）。近年来，随着活跃用户数量的迅速增加，社交媒体的影响力逐渐渗透到人们生活的方方面面。企业和投资者之间存在着信息不对称性，投资者在进行投资决策时具有关注、搜寻和交换有关企业股票信息的动机。投资者在社交媒体上搜寻和交换信息时就会产生基于社交媒体的投资者情绪。与此同时，社交媒体的匿名特性为投资者提供了表达情绪的宽松环境，再加上社交媒体为投资者提供了一个实时分享信息的平台，基于社交媒体的投资者情绪就能够较准确和及时地反映出投资者的心理变化。当面对企业绿色失责、治理失责或者社会层面失责媒体曝光时，投资者在进行决策时的不确定性就会增加，从而产生焦虑、不安、恐惧等负面情绪，即企业绿色失责、治理失责或者社会层面失责媒体曝光会带来基于社交媒体的投资者情绪的波动。

以往的研究间接地对企业绿色失责、治理失责、社会层面失责媒体曝光与基于社交媒体的投资者情绪间的关系进行了关注。比如，泰特洛克（Tetlock，2007）通过对华尔街日报专栏的每日内容进行用词分析，研究了媒体和股票市场之间的相互作用。结果发现，媒体的悲观情绪预示着市场价格的下行压力，而异乎寻常的高或低悲观情绪则预示着市场交易量的增长。陈等（Chen et al.，2013）指出，高质量的新闻媒体报道会引发投资者情绪的强烈波动，从而导致公司股票价格偏离基本价值，且这种情绪效应受到公司估值高低的影响。邹静和童中文（2015）利用中国 14 家上市银行 2007～2013 年的季度面板数据，采用广义距方法（GMM）对这些数据进行实证分析，研究结果发现，媒体报道会对投资者情绪产生负面影响。汪昌云和武佳薇（2015）以 2009～2011 年我国沪深 A 股和创业板公司为样本，验证了媒体语气可以用来衡量投资者情绪。黄宏斌、刘树海和赵富强（2017）的研究表明，当投资者情绪低落时，媒体情绪与其显著负相关；在投资者情绪高涨区间，媒体情绪显著提升投资者情绪；在理性区间，媒体情绪对投资者情绪的影响则不显著。虽然以往的研究间接地研究了企业绿色失责、治理失责或者社会层面失责媒体曝光与基于社交媒体的投资者情绪的关系，但是媒体报道与基于社交媒体的投资者情绪的理论证据仍存在局限。

行为经济学的观点认为，情绪可以深刻地影响个体的行为和决策。以往的学者关注了基于社交媒体的投资者情绪与投资者反应的关系，并得出了许多有益的见解。其中，西方学者对于这一关系进行了深入的探讨。例如，波伦等

（Bollen et al.，2010）研究表明，基于 Twitter 构建的公众情绪指标能够预测道琼斯工业平均指数的变化。陈等（Chen et al.，2011）探讨了基于传统媒体和基于社交媒体的情绪对股市的影响程度，研究发现，即使在控制了传统媒体情绪之后，基于社交媒体的情绪仍与同期和随后的股票收益密切相关。迪金森和胡（Dickinson and Hu，2015）通过对 Twitter 上的文本进行情感分析来探讨基于 Twitter 的情感与股票价格的关系，研究发现，基于 Twitter 的用户情绪会影响股票价格。国内的学者亦关注了基于社交媒体的投资者情绪与投资者反应的关系。比如，程琬芸和林杰（2013）以新浪微博为样本来源的平台，构建了社交媒体的投资者涨跌情绪指数，并探索了社交媒体的投资者涨跌情绪指数与证券市场指数的关系。研究结果表明，社交媒体的投资者涨跌情绪指数对证券市场指数收益和成交量产生积极的影响。乔智和耿志民（2013）通过股吧构建个人投资者的情绪指标，证实了基于社交媒体的个人投资者情绪与股市收益间存在相关关系。金德环和李岩（2017）采用社交媒体的数据来构建投资者互动的指标来研究投资者互动对股票收益的影响，研究发现，投资者互动与股票未来收益负相关。

综合以上分析，现有研究已对媒体报道、投资者情绪以及投资者反应的关系产生关注。理论推演和实证检验均表明媒体报道对投资者情绪具有显著的影响，引起投资者的情绪波动，并最终对投资者反应产生影响。但是较少地关注企业绿色失责媒体曝光、治理失责媒体曝光或者社会层面失责媒体曝光通过基于社交媒体的投资者情绪这一个中介变量作用于投资者反应的作用机制。

企业绿色失责媒体曝光反映了企业为了追求自身利润最大化，在生产经营中将对自然环境的责任置之度外，出现了对自然环境保护不利的行为（Wu，2014）。企业绿色失责的信息只有被投资者得知才会发挥作用。根据信息不对称理论，由于投资者对信息的认知能力是有限的，加上企业可能刻意隐瞒相关信息，投资者往往不能完全地掌握市场信息。本书认为，当投资者从媒体处获取了企业生产经营活动中对自然环境不利的行为信息，其对有关企业股票价值的原有预期会随之改变，从而产生焦虑、不安、恐惧等负面情绪。投资者在社交媒体上进行信息交换的过程中，其情绪在信息传播过程中表现出来，这种情绪可以预测投资者的反应。具体表现在以下三个方面。

首先，在企业绿色失责行为被媒体曝光后，企业绿色失责的信息可能不符合投资者对企业原有的认知，因此，企业绿色失责媒体曝光容易引发投资者的心理失谐。当投资者的心理平衡被打破时，其会产生从社交媒体上获取和交换企业信息的动机。而投资者在社交媒体上进行信息交换的过程中，其情绪在信息传播过程中表现出来。即企业绿色失责媒体曝光会引发基于社交媒体的投资者情绪波动。其次，基于社交媒体的投资者情绪代表了投资者对企业股票投资风险和未来的收益预期，基于社交媒体的投资者情绪越乐观，说明投资者对企业股票投资风险预期越低，未来的收益预期越高。反之，基于社交媒体的投资者情绪越悲观，说明其对企业股票投资风险预期越高，未来的收益预期越低，从而影响投资者的投资倾向和投资行为（Nguyen et al.，2015）。最后，本书认为，企业绿色失责媒体曝光为投资者提供了企业履行绿色责任的信息。企业绿色失责媒体曝光引发了基于社交媒体的投资者情绪变动，而且基于社交媒体的投资者情绪会进一步影响投资者反应。由此，本书提出假设8a。

假设8a：基于社交媒体的投资者情绪在企业绿色失责媒体曝光和投资者反应之间起着中介作用。

企业社会层面失责媒体曝光主要是指企业为了追求自身利润最大化而损害员工、社区或者客户利益的行为。熊和巴拉德瓦伊（Xiong and Bharadwaj，2013）指出，投资者对有关媒体曝光的反应取决于投资者是否认为媒体传播的信息影响企业未来现金流。而企业社会层面的失责的信息一旦被利益相关者得知，企业的员工、社区和客户对企业的制裁增加，从而使企业未来的现金流受到影响。投资者将基于此产生情感和行为反应。具体表现在以下三个方面。

首先，媒体对企业社会层面失责行为进行相关报道时，往往会传递出对市场现状以及未来预期悲观的观点。汪昌云和武佳薇（2015）指出，媒体传递的情绪会影响投资者情绪，媒体往往会通过对企业的报道对投资者预期产生影响。其次，行为金融学的观点认为，股票价格并非仅仅由企业的内在价值所决定，还在很大程度上受到投资者主体的决策影响，即投资者心理对证券市场的价格及价格变动具有重大影响（Statman，1999）。投资者的投资决策在很大程度上受到其情绪的影响。由此可见，基于社交媒体的投资者情绪影响投资者的行为。最后，本书认为，企业社会层面失责媒体曝光引发了基于社交媒体的投资者情绪变动，同时，基于社交媒体的投资者情绪变动进一步影响投资者反应。基于此，本书提出假设8b。

假设8b：基于社交媒体的投资者情绪在企业社会层面失责媒体曝光和投资者反应之间起着中介作用。

　　企业治理失责媒体曝光在一定程度上反映了企业为了追求自身利润最大化而损害投资者利益的行为。由于企业治理失责与投资者利益息息相关，当投资者从媒体处获取了企业治理失责的信息时，其对有关企业经营状况以及股票收益的预期会随之改变，从而促使投资者情绪发生改变。投资者在社交媒体上进行信息交换的过程中，其情绪在信息传播过程中外显。而且，基于投资者有限理性的观点，投资者的行为必然会受到"非理性"的影响，在决策时通常受到乐观或者悲观情绪的影响（何勇和陈湛匀，2005）。具体表现在以下三个方面。

　　首先，投资者的认知能力存在着局限性，其对企业的认识和判断受到媒体报道的影响。媒体报道增加了企业治理问题的透明度，通过"议程设置"的功能，引起投资者对企业治理失责的关注（Kosicki，2014）。企业治理失责媒体曝光触发了投资者将该治理失责的信息与其以往积累的信息进行一定对比，对比后会产生一种心理感知。由于媒体曝光的信息可能与投资者以往积累的信息不同，投资者的心理平衡被打破。此时，投资者倾向于通过社交媒体搜寻和交换信息，并且会根据自身掌握的信息表达对企业股票的观点。此时，投资者情绪在观点表达中显现出来。其次，个人投资者的投资决策在很大程度上受到其情绪的影响。正如前文所述，基于社交媒体的投资者情绪在很大程度上反映了投资者对企业股票前景的预期，这种预期会影响投资者决策的制定，影响投资者的行为。最后，本书认为，企业治理失责媒体曝光提高了投资者对治理失责行为的关注度，引发了基于社交媒体的投资者情绪的变动，同时，基于社交媒体的投资者情绪的变动将进一步对投资者反应产生作用。基于这一逻辑，本书提出假设 8c。

　　假设 8c：基于社交媒体的投资者情绪在企业治理失责媒体曝光和投资者反应之间起着中介作用。

3.5　本章小结

　　为了弥补本书识别的三个研究局限以及回答本书提出的四个研究问题，本章以利益相关者理论、归因理论和信号传递理论为基础，构架了理论模型。具体地，本书分析了企业绿色失责媒体曝光、企业社会层面失责媒体曝光以及企业治理失责媒体曝光对投资者反应的作用。在以往的研究中，学者们忽视了投资者对不同维度社会失责媒体曝光的差别性反应，因此，本书考虑了各个维度企业社会失责媒体曝光对投资者反应影响的差别。更进一步地，我们探讨了调节效应和中介效应。即，企业声誉的知名度和美誉度两个不同维度的调节作用，以及基于社交媒体的投资者情绪的中介效应被纳入本书的研究模型中。在理论模型提出的基础上，本书提出了 19 个假设，并深入剖析这些假设成立的原因。表 3 - 1 列示了本书的所有研究假设。

表 3 - 1   本书提出的假设汇总

假设	假设内容
假设 1a	企业绿色失责媒体曝光促使投资者产生消极反应
假设 1b	企业绿色失责媒体曝光越多，投资者反应越消极
假设 2a	企业社会层面失责媒体曝光促使投资者产生消极反应
假设 2b	企业社会层面失责媒体曝光越多，投资者反应越消极
假设 3a	企业治理失责媒体曝光促使投资者产生消极反应
假设 3b	企业治理失责媒体曝光越多，投资者反应越消极
假设 4	在三大维度的企业社会失责媒体曝光中，企业治理失责媒体曝光对投资者反应的消极影响最强，企业社会层面失责媒体曝光对投资者反应的消极影响次之，企业绿色失责媒体曝光对投资者反应的消极影响最弱
假设 5a	企业知名度增强企业绿色失责媒体曝光对投资者反应的消极影响
假设 5b	企业知名度增强企业社会层面失责媒体曝光对投资者反应的消极影响
假设 5c	企业知名度增强企业治理失责媒体曝光对投资者反应的消极影响
假设 6a	企业美誉度减弱企业绿色失责媒体曝光对投资者反应的消极影响
假设 6b	企业美誉度减弱企业社会层面失责媒体曝光对投资者反应的消极影响
假设 6c	企业美誉度减弱企业治理失责媒体曝光对投资者反应的消极影响
假设 7a	企业知名度对企业绿色失责媒体曝光与投资者反应关系的调节作用受到企业美誉度的影响
假设 7b	企业知名度对企业社会层面失责媒体曝光与投资者反应关系的调节作用受到企业美誉度的影响
假设 7c	企业知名度对企业治理失责媒体曝光与投资者反应关系的调节作用受到企业美誉度的影响
假设 8a	基于社交媒体的投资者情绪在企业绿色失责媒体曝光和投资者反应之间起着中介作用
假设 8b	基于社交媒体的投资者情绪在企业社会层面失责媒体曝光和投资者反应之间起着中介作用
假设 8c	基于社交媒体的投资者情绪在企业治理失责媒体曝光和投资者反应之间起着中介作用

第4章　研究设计

为了对第 3 章提出的假设进行检验，本章 4.1 节介绍了样本选取和数据来源的情况；4.2 节参考以往的研究对本书所涉及的变量进行度量；4.3 节详细描述了本书的研究方法；4.4 节简单介绍本书的回归模型和统计方法，为下一章实证分析的展开做好准备。

4.1　样本与数据收集

4.1.1　样本选取与数据来源

本书以 2011～2020 年中国沪深两地 A 股上市公司为样本来源，具体的样本包含真实发生社会失责媒体曝光的企业。由于缺乏可以直接采用的数据库，关于三个维度企业社会失责媒体曝光的样本需要通过手工收集。本书综述国内大量关于媒体报道研究的文献，依据第 2 章所界定的企业绿色失责、企业社会层面失责和企业治理失责所包含的内容，遵循大多数关于媒体报道研究的样本确定方法，通过中国知网"中国重要报纸全文数据库"来获取企业社会失责媒体曝光的样本（黄俊和郭照蕊，2014；马永远和沈奥，2022）。为了确保没有遗漏的重要信息，本书的作者与另外一名博士研究生仔细地阅读《证券日报》和《21 世纪经济报道》两家报纸中 2011 年 1 月 1 日到 2020 年 12 月 31 日之间的所有报道，确定涉及企业绿色失责媒体曝光、企业社会层面失责媒体曝光与企业治理失责媒体曝光的事件样本。在收集到企业绿色失责媒体曝光、企业社会层面失责媒体曝光与企业治理失责媒体曝光的事件样本后，需要对样本进一步筛选。

排除三大维度企业社会失责媒体曝光前 3 天内出现其他混淆事件干扰的样本。筛选的标准主要是剔除新产品的发布、企业兼并、高管人事变动、重大销售合同公告，等等。可能会对股票市场带来较大影响的事件（McWilliam and Siegel，1997）。最终的样本包含 221 份数据。本书所涉及的其他变量的数据分别来自：企业知名度的数据来源于东方财富网股吧，企业美誉度的数据来源于报刊新闻量化舆情数据库，公司的股票、财务和公司治理数据则来自国泰安数据库（CSMAR）。

4.1.2　数据收集过程

在确定了本书研究的样本与数据来源后，正式的数据收集工作展开。本次数据收集工作主要是由西安交通大学管理学院的一名教师、香港城市大学的一名教师以及西安交通大学的两名博士研究生组成的课题研究组完成的。在数据收集工作结束后，课题研究组的成员根据已经收集的数据建立数据库，为课题组成员开展有关的实证研究提供数据支持。

具体的数据收集工作共分为四个步骤来完成。第一步，课题组的两名成员详细阅读《证券日报》和《21 世纪经济报道》两家报纸中的报道来确定 2011 年 1 月 1 日到 2020 年 12 月 31 日之间涉及社会失责媒体曝光的企业名单。第二步，根据涉及社会失责媒体曝光的企业名单来搜集三个维度企业社会失责媒体曝光的数据。课题组通过阅读《中国证券报》《证券日报》《证券时报》《上海证券报》《中国经营报》《21 世纪经济报道》《经济观察报》《第一财经日报》这 8 大报纸来获取三个维度企业社会失责媒体曝光数量的数据。第三步，收集企业知名度与企业美誉度的数据。课题组采用数据采集工具来抓取东方财富网股吧上有关企业知名度的数据。而且，课题组从报刊新闻量化舆情数据库中下载企业美誉度有关的数据。第四步，收集基于企业社交媒体的投资者情绪的数据。对于基于企业社交媒体的投资者情绪的数据，课题组同样采用"八爪鱼数据采集系统"在东方财富网股吧上抓取。正式的数据收集于 2021 年 4 月开始到 2021 年 7 月结束，历时 4 个月。在收集到所有完整有效的数据后，课题组中的两名博士研究生对数据进行了整理，然后将合格的数据输入电脑形成数据库以备实证研究之用。

4.2 相关变量的度量

变量度量方法的选取对统计分析结果的可靠性和有效性有着重要的影响。因此，在实证研究设计中，变量度量的设计是需要考虑的关键问题之一。为此，在设计变量的度量时，本书考虑在选择度量标准时，通过文献综述选择那些被证实的有效的度量方法（Mumford et al.，1996）。

4.2.1 企业绿色失责媒体曝光

学术界对于媒体曝光的度量尚无统一的标准，通过综述媒体曝光的研究，本书发现，国内外的现有研究主要采用三种方法对媒体曝光进行衡量。其一，采用虚拟变量对媒体曝光进行衡量，如果媒体对某上市公司进行了新闻报道，则该变量取值为 1，如果媒体没有对某上市公司进行新闻报道则取值为 0。其二，采用媒体对上市公司的新闻报道数量对媒体曝光进行衡量。其三，对有关上市公司的媒体报道内容、用词和力度进行分析，判断媒体报道的情感以及深度，并以此对媒体曝光进行度量。现今，信息技术发展迅速，投资者每天都面临着信息超载的情况。投资者很少花费时间和精力对媒体报道的内容进行深入研读，更多的是浏览新闻标题或者大致地了解媒体报道的内容（郑涛，2010）。投资者会根据媒体对上市公司报道的新闻数量来衡量媒体对公司的关注度。方和佩雷斯（Fang and Peress，2009）、李培功和沈艺峰（2010）、科尔贝尔、布希和扬索（Kölbel et al.，2017）等众多中外的学者均采用媒体报道的新闻文章数量来衡量媒体曝光。因此，媒体对上市公司的新闻报道数量能够反映媒体曝光这一变量，是媒体曝光这一变量比较好的度量指标。

企业绿色失责包括的内容在第 2 章中已经呈现。本书根据企业绿色失责的内容，采用媒体在一段时间内对某个企业绿色失责报道的新闻文章的数量作为企业绿色失责媒体曝光变量的衡量指标（Fang and Peress，2009；Kölbel et al.，2017；李培功和沈艺峰，2010）。

4.2.2　企业社会层面失责媒体曝光

与企业绿色失责媒体曝光的度量类似，本书根据企业社会层面失责的内容，采用媒体在一段时间内对某个企业社会层面失责报道的新闻文章的数量作为企业社会层面失责媒体曝光变量的衡量指标（Fang and Peress，2009；Kölbel et al.，2017；李培功和沈艺峰，2010）。

4.2.3　企业治理失责媒体曝光

同样地，本书根据企业治理失责的内容，采用媒体在一段时间内对某个企业治理失责报道的新闻文章的数量作为企业治理失责媒体曝光变量的衡量指标（Fang and Peress，2009；Kölbel et al.，2017；李培功和沈艺峰，2010）。

4.2.4　企业知名度

企业知名度反映了在某个范围内该企业被多少人所熟知。随着互联网的发展，越来越多的投资者通过在线股票论坛交流和分享信息。由于受到认知能力和时间的约束，投资者对其在互联网上搜索和讨论的企业具有更高的熟识度。本书研究的问题是企业知名度对企业社会失责媒体曝光与投资者反应关系的作用，参考欧阳哲（2016）、魏等（Wei et al.，2017）的研究，本书选用企业绿色失责媒体曝光、企业社会层面失责媒体曝光、与企业治理失责媒体曝光发生前一年内在线股票论坛上关于涉事企业的帖子数量并取对数来度量企业知名度。数据来源于东方财富网股吧。

4.2.5　企业美誉度

企业美誉度是指利益相关者在对企业产品或者服务、身份认同的基础上而形成对企业的一种积极的情感体验。本书采用迪普豪斯（Deephouse，2000）的研究中所介绍的测量方法，他们的研究认为，新闻媒体对上市公司的情感评价可以用来度量企业美誉度。新闻媒体对上市公司的情感评价的数据来源于报刊新闻量化舆情数据库。由于报刊新闻量化舆情数据库遵循规范严谨的数据处理流程，并以前沿学术研究为指导，该数据库能够保证数据处理过程的规范性和数据库字段的实用性。企业美誉度的度量选取该数据库中新闻整体情感倾向性汇总得分这一指标。与先前的研究一致，计算方法是将在企业绿色失责、社会层面失责、治理失责媒体曝光发生前一年期限内有关新闻整体情感倾向性汇总得分进行平均。

4.2.6　基于社交媒体的投资者情绪

参考林振兴（2011）的研究，本书通过对东方财富网股吧关于个股的发帖讨论进行了分析，将其整理成基于社交媒体的投资者情绪这一变量，采用三种类型的企业社会失责媒体曝光当天、前一天和后一天共三天的情感倾向为乐观的帖子总数占帖子总数的比重来衡量基于社交媒体的投资者情绪。由于东方财富网股吧上的帖子具有自发性和匿名性特征，东方财富网股吧的数据更接近投资者的真实情绪。而且，东方财富网股吧具有庞大的用户群，这为构造基于社交媒体的投资者情绪提供了大量的信息源。故本书采用东方财富网股吧作为数据来源构造基于社交媒体的投资者情绪这一变量。东方财富网股吧的帖子可能对于个股具有乐观或者悲观的主观判断。

在确定了数据来源的在线股票论坛之后，本研究进行原始数据的抓取。我们借助数据采集工具来抓取东方财富网股吧上关于 398 个上市公司的数据，总共抓取到 43867 条帖子。并运用 ROST Content Mining（ROST CM）软件对抓取的事件数据逐个进行情绪倾向分析。在数据抓取的过程中，东方财富网股吧的原始数据不完整，这就导致部分缺失值的存在，这些缺失值主要集中在企业社会层面失责媒体曝光的样本中。

在采用情感分析软件进行分析后，需要测试情感软件分析的有效性。本书选取 300 个帖子进行人工分析，按两个步骤进行处理。根据以往的相关研究的惯常做法，对每一个帖子进行编码，采用文本分析的方法将每一个帖子编码为乐观、悲观或者中立。由两名博士研究生组成编码小组分别对所有帖子进行编码。编码小组对 91% 文本的编码取得一致意见，这表明编码具有内部可靠性（Weber，1990）。对编码不一致的帖子由第三名研究人员最后确定帖子的性质。

参考程琬芸和林杰（2013）的研究，采用分类正确率来评价软件分析的有效性。即，分类正确率＝分类正确的帖子数/人工分析的帖子总数×100%。分类有效性的检验结果为89.667%，这一数据说明本书的情感分析是有效的（程琬芸和林杰，2013）。

4.2.7　投资者反应

本书关注的是投资者对三个维度的企业社会失责媒体曝光的行为反应。以往的研究指出，企业媒体报道引起投资者买入或者卖出企业股票的行为。而投资者的买入和卖出企业股票促使股票市场产生波动。参考张宁、刘春林和卢俊义（2011）、欧阳等（Ouyang et al.，2018）的研究，投资者反应是由累计异常报酬率 CAR 来度量的。

4.2.8　控制变量

除了以上解释变量外，投资者反应可能受到其他因素的影响。本书选取企业规模、企业盈利能力、托宾 Q 以及杠杆效率作为控制变量。当面临社会失责媒体曝光时，具有较大规模的企业容易获取投资者的注意，从而影响投资者反应（Goff，1994）。现有文献对企业规模的度量较为成熟，而且存在多种不同的指标，包括企业销售总额、企业员工数量、企业总资产等（Dang et al.，2018）。本书采用三种类型企业社会失责媒体曝光的前一年年末企业员工数量的自然对数来计算企业规模。此外，一些研究表明，企业盈利能力、托宾 Q 以及杠杆效率对股票市场均有一定影响（Kross，1982；欧阳哲，2016）。本书采用三个维度企业社会失责媒体曝光的前一年年末总资产净利率来度量企业盈利能力。对于托宾 Q，本书采用的是三种类型企业社会失责媒体曝光的前一年年末的托宾 Q 值（Lewellen and Badrinath，1997）。杠杆效率采用的是三种类型企业社会失责媒体曝光的前一年年末的企业资产负债率来度量。

托宾 Q 值的计算公式为：托宾 Q＝企业市场价值/（资产总计－无形资产净额－商誉净额）。各变量的具体度量方法如表 4-1 所示。

表 4 - 1 变量度量表

变量类型	变量名称	变量符号	变量度量方法
被解释变量	投资者反应	CAR	累计异常报酬率 CAR
自变量	企业绿色失责媒体曝光	GreenM	企业绿色失责媒体曝光当天、前一天和后一天共三天的中国重要报纸数据库中八大财经报纸对企业绿色失责的报道次数
自变量	企业社会层面失责媒体曝光	SocialM	企业社会层面失责媒体曝光当天、前一天和后一天共三天的中国重要报纸数据库中八大财经报纸对企业社会层面失责的报道次数
自变量	企业治理失责媒体曝光	GovernM	企业治理失责媒体曝光当天、前一天和后一天共三天的中国重要报纸数据库中八大财经报纸对企业治理失责的报道次数
调节变量	企业知名度	ZM	企业绿色失责、社会层面失责、治理失责媒体曝光发生前一年内东方财富网股吧上关于涉事企业帖子数量并取对数
调节变量	企业美誉度	MY	对企业绿色失责、社会层面失责、治理失责媒体曝光发生前一年期限内有关新闻整体情感倾向性汇总得分进行平均
中介变量	基于社交媒体的投资者情绪	SocialI	三种类型的企业社会失责媒体曝光当天、前一天和后一天共三天东方财富网股吧上情感倾向为乐观的帖子数占帖子总数的比重
控制变量	企业规模	Scale	三种类型企业社会失责媒体曝光前一年年末的企业员工数量的自然对数
控制变量	企业盈利能力	PB	三种类型企业社会失责媒体曝光前一年年末的总资产净利率
控制变量	托宾 Q	TQ	三种类型企业社会失责媒体曝光的前一年年末的企业市场价值/（资产总计－无形资产净额－商誉净额）
控制变量	杠杆效率	Lev	三种类型企业社会失责媒体曝光的前一年年末的企业资产负债率

4.3 研究方法

事件研究法主要是用来研究当市场上某一个事件发生的时候，股价是否会因此产生波动，以及是否会产生"异常报酬率"（abnormal returns）。本书采用事件研究法来探究三个维度企业社会失责媒体曝光与投资者反应的关系，以及为进一步考察企业声誉的知名度维度和美誉度维度、基于社交媒体的投资者情绪在其中扮演的角色提供数据。现今研究者广泛运用的事件研究法于20世纪60年代后期被提出，法玛等（Fama et al.，1969）对事件研究法进行了详细的论述，开启了会计学、经济学以及金融学的一场研究方法革命，而且事件研究方法被广泛地应用于这些学科中。事实上，随着事件研究法在理论上的不断完善，事件研究法已经成为衡量某个公告、定期或非定期事件的投资者反应的标准方法（Miller，2023）。

本书之所以选取事件研究法是因为三个不同维度的企业社会失责媒体曝光属于非定期事件，而在考察投资者对企业的非定期事件的反应时，学者们往往会采用事件研究法（Miller，2023）。根据事件研究法的观点，非定期事件是一种未被投资者所预期到的事件，当此类事件发生时，投资者会产生某种反应。这种投资者反应可以通过检验事件窗内的异常报酬率得到（Kang and Ding，2010）。大量研究均采用事件研究法检验了媒体报道对投资者反应的影响（Groening and Kanuri，2016；张宁、刘春林和卢俊义，2011）。事件研究法具有比较规范的研究步骤，分为五大步骤；第一步是研究需要确定事件是什么以及收集该事件发生的时间；第二步是剔除具有干扰性的样本；第三步是选取估计窗和事件窗并计算预期正常报酬率；第四步是观察实际报酬率和事件未出现的预期正常报酬率之间的区别；第五步是通过回归分析检查相关自变量是否和股价的变化相关。

当三种类型的社会失责媒体曝光被确定后，应该选取估计窗和事件窗，本书将企业绿色失责、社会层面失责或者治理失责媒体曝光的日期记为第0天，参照戈弗雷、梅里尔和汉森（Godfrey et al.，2009）的研究，选择区间作为估计窗口，即以企业绿色失责、社会层面失责或者治理失责被曝光前128天到前8天这一区间为估计窗，以区间为事件窗，即以企业绿色失责、社会层面失责或者治理失责被曝光前7天到被曝光后7天这一区间为事件窗。本书将估计窗与事件窗示意绘制于图4-1中，如图4-1所示。

图4-1　估计窗与事件窗示意

在确定估计窗和事件窗后，我们需要计算出股票的异常报酬率（Abnormal returns）。参考事件研究法的文献，本书采用市场模型来估计正常报酬率的期望值。正常报酬率的公式可以表达为：

$$R_{it} = \alpha_{it} + \beta_{it}R_{mt} + \varepsilon_{it} \tag{4-1}$$

在式（4-1）中，R_{it}表示 t 期间第 i 只股票的报酬率；R_{mt}表示 t 期间大盘指数的市场报酬率；α_{it}和β_{it}表示市场模型的参数；ε_{it}的期望值为 0。在本书中，市场收益是由上海证券 A 股和深圳证券 A 股的综合指数来代替的。随后，t 期间第 i 只股票的异常报酬率AR_{it}的公式为：

$$AR_{it} = R_{it} - (\alpha_{it} + \beta_{it}R_{mt}) \tag{4-2}$$

AAR_i为第 i 只股票的平均异常报酬率，其计算方法是加权平均每个股票的异常报酬率，公式的表达如下：

$$AAR_i = \left(\frac{1}{n}\sum_{t=t_1}^{n} AR_{it}\right) \tag{4-3}$$

t 期间第 i 只股票的异常报酬率仅是就某个事件日期而言的，为了研究事件对股票报酬率产生的影响，需要按时间累积计算出该只股票的累计异常报酬率，即CAR_i。CAR_i可以通过特定期间内每日异常报酬率的累加值得出，公式为：

$$CAR_i(t_1, t_2) = \sum_{t=t_1}^{t_2} AR_{it} \tag{4-4}$$

事件研究方法计算得到的累积异常报酬率（CAR）可用于检验本书所提出的直接效应、调节效应和中介效应的假设。

4.4　回归模型与统计分析方法

4.4.1　回归模型

为了深入理解自变量对投资者反应的影响，以及研究调节效应，本书建立了多元回归模型，并以层级回归的方法来检验企业绿色失责媒体曝光、社会层面失责媒体曝光以及治理失责媒体曝光对投资者行为的影响，以及企业知名度与企业美誉度的调节作用。在式（4-5）~式（4-22）中，CAR 表示累计异常报酬率、Scale 表示企业的规模、PB 表示企业盈利能为、TQ 表示企业托宾 Q 值、Lev 表示企业杠杆效率、GreenM 表示企业绿色失责媒体曝光、SocialM 表示企业社会层面失责媒体曝光、GovernM 表示企业治理失责媒体曝光、ZM 表示企业知名度、MY 表示企业美誉度。参考以往的研究，本书将三种类型社会失责媒体曝光发生当天和事件前后一天（总共 3 天）的累计异常报酬率来衡量投资者反应（Lian et al.，2015；Wei et al.，2017）。

$$CAR = \beta_1 + \beta_2 Scale + \beta_3 PB + \beta_4 TQ + \beta_5 Lev + \beta_6 GreenM + \varepsilon_1 \quad (4-5)$$

$$CAR = \beta_7 + \beta_8 Scale + \beta_9 PB + \beta_{10} TQ + \beta_{11} Lev + \beta_{12} SocialM + \varepsilon_2 \quad (4-6)$$

$$CAR = \beta_{13} + \beta_{14} Scale + \beta_{15} PB + \beta_{16} TQ + \beta_{17} Lev + \beta_{18} GovernM + \varepsilon_3 \quad (4-7)$$

$$CAR = \beta_{19} + \beta_{20} Scale + \beta_{21} PB + \beta_{22} TQ + \beta_{23} Lev + \beta_{24} GreenM + \beta_{25} ZM + \varepsilon_4 \quad (4-8)$$

$$CAR = \beta_{26} + \beta_{27} Scale + \beta_{28} PB + \beta_{29} TQ + \beta_{30} Lev + \beta_{31} GreenM + \beta_{32} ZM + \beta_{33} GreenM \times ZM + \varepsilon_5 \quad (4-9)$$

$$CAR = \beta_{34} + \beta_{35} Scale + \beta_{36} PB + \beta_{37} TQ + \beta_{38} Lev + \beta_{39} SocialM + \beta_{40} ZM + \varepsilon_6 \quad (4-10)$$

$$CAR = \beta_{41} + \beta_{42} Scale + \beta_{43} PB + \beta_{44} TQ + \beta_{45} Lev + \beta_{46} SocialM + \beta_{47} ZM + \beta_{48} SocialM \times ZM + \varepsilon_7 \quad (4-11)$$

$$CAR = \beta_{49} + \beta_{50} Scale + \beta_{51} PB + \beta_{52} TQ + \beta_{53} Lev + \beta_{54} GovernM + \beta_{55} ZM + \varepsilon_8 \quad (4-12)$$

$$CAR = \beta_{56} + \beta_{57} Scale + \beta_{58} PB + \beta_{59} TQ + \beta_{60} Lev + \beta_{61} GovernM + \beta_{62} ZM + \beta_{63} GovernM \times ZM + \varepsilon_9 \quad (4-13)$$

$$CAR = \beta_{64} + \beta_{65} Scale + \beta_{66} PB + \beta_{67} TQ + \beta_{68} Lev + \beta_{69} GreenM + \beta_{70} MY + \varepsilon_{10} \quad (4-14)$$

$$CAR = \beta_{71} + \beta_{72} Scale + \beta_{73} PB + \beta_{74} TQ + \beta_{75} Lev + \beta_{76} GreenM + \beta_{77} MY + \beta_{78} GreenM \times MY + \varepsilon_{11} \quad (4-15)$$

$$CAR = \beta_{79} + \beta_{80}\text{Scale} + \beta_{81}\text{PB} + \beta_{82}\text{TQ} + \beta_{83}\text{Lev} + \beta_{84}\text{SocialM} + \beta_{85}\text{MY} + \varepsilon_{12} \tag{4-16}$$

$$CAR = \beta_{86} + \beta_{87}\text{Scale} + \beta_{88}\text{PB} + \beta_{89}\text{TQ} + \beta_{90}\text{Lev} + \beta_{91}\text{SocialM} \\ + \beta_{92}\text{MY} + \beta_{93}\text{SocialM} \times \text{MY} + \varepsilon_{13} \tag{4-17}$$

$$CAR = \beta_{94} + \beta_{95}\text{Scale} + \beta_{96}\text{PB} + \beta_{97}\text{TQ} + \beta_{98}\text{Lev} + \beta_{99}\text{GovernM} + \beta_{100}\text{MY} + \varepsilon_{14} \tag{4-18}$$

$$CAR = \beta_{101} + \beta_{102}\text{Scale} + \beta_{103}\text{PB} + \beta_{104}\text{TQ} + \beta_{105}\text{Lev} + \beta_{106}\text{GovernM} + \beta_{107}\text{MY} \\ + \beta_{108}\text{GovernM} \times \text{MY} + \varepsilon_{15} \tag{4-19}$$

$$CAR = \beta_{109} + \beta_{110}\text{Scale} + \beta_{111}\text{PB} + \beta_{112}\text{TQ} + \beta_{113}\text{Lev} + \beta_{114}\text{GreenM} + \beta_{115}\text{ZM} \\ + \beta_{116}\text{MY} + \beta_{117}\text{GreenM} \times \text{ZM} + \beta_{118}\text{GreenM} \times \text{MY} + \beta_{119}\text{ZM} \times \text{MY} \\ + \beta_{120}\text{GreenM} \times \text{ZM} \times \text{MY} + \varepsilon_{16} \tag{4-20}$$

$$CAR = \beta_{121} + \beta_{122}\text{Scale} + \beta_{123}\text{PB} + \beta_{124}\text{TQ} + \beta_{125}\text{Lev} + \beta_{126}\text{SocialM} + \beta_{127}\text{ZM} \\ + \beta_{128}\text{MY} + \beta_{129}\text{SocialM} \times \text{ZM} + \beta_{130}\text{SocialM} \times \text{MY} + \beta_{131}\text{ZM} \times \text{MY} \\ + \beta_{132}\text{SocialM} \times \text{ZM} \times \text{MY} + \varepsilon_{17} \tag{4-21}$$

$$CAR = \beta_{133} + \beta_{134}\text{Scale} + \beta_{135}\text{PB} + \beta_{136}\text{TQ} + \beta_{137}\text{Lev} + \beta_{138}\text{GovernM} + \beta_{139}\text{ZM} \\ + \beta_{140}\text{MY} + \beta_{141}\text{GovernM} \times \text{ZM} + \beta_{142}\text{GovernM} \times \text{MY} + \beta_{143}\text{ZM} \times \text{MY} \\ + \beta_{144}\text{GovernM} \times \text{ZM} \times \text{MY} + \varepsilon_{18} \tag{4-22}$$

其中，式（4-5）~式（4-7）为检验直接效应而建立的回归模型。具体地，式（4-5）是在因变量投资者反应与自变量企业绿色失责媒体曝光之间建立一个因变量对自变量的回归模型；式（4-6）是在因变量投资者反应与自变量企业社会层面失责媒体曝光之间建立一个因变量对自变量的回归模型；式（4-7）是在因变量投资者反应与自变量企业治理失责媒体曝光之间建立一个因变量对自变量的回归模型。对于调节效应的检验，根据温忠麟、刘红云和侯杰泰（2012）的观点，调节效应的层级回归模型可以通过两个步骤来建立。具体地：首先，建立因变量（Y）对自变量（X）和调节变量（M）的回归模型；其次，建立因变量（Y）对自变量（X）、调节变量（M）和自变量与调节变量的乘积（X·M）的回归模型。由此，式（4-8）与式（4-9）建立的目的是检验企业声誉的知名度维度对企业绿色失责媒体曝光与投资者反应关系的调节作用。式（4-10）与式（4-11）建立的目的是检验企业声誉的知名度维度对企业社会层面失责媒体曝光与投资者反应关系的调节作用。式（4-12）

与式（4-13）的建立是为了检验企业声誉的知名度维度对企业治理失责媒体曝光与投资者反应关系的调节作用。式（4-14）与式（4-15）的建立是为了检验企业声誉的美誉度维度对企业绿色失责媒体曝光与投资者反应关系的调节作用。式（4-16）与式（4-17）的建立是为了检验企业声誉的美誉度维度对企业社会层面失责媒体曝光与投资者反应关系的调节作用。式（4-18）与式（4-19）的建立是为了检验企业声誉的美誉度维度对企业治理失责媒体曝光与投资者反应关系的调节作用。式（4-20）建立的目的是检验企业知名度、企业美誉度与企业绿色失责媒体曝光的三项交互效应。式（4-21）的建立是为了检验企业知名度、企业美誉度与企业社会层面失责媒体曝光的三项交互效应。式（4-22）的建立是为了检验企业知名度、企业美誉度与企业治理失责媒体曝光的三项交互效应。

4.4.2　统计分析方法

本书进行统计分析的主要目的是验证第 3 章建立的企业社会失责媒体曝光对投资者反应的作用模型。由于描述性统计分析是研究工作的起点，本书首先需要对样本进行描述性统计分析，然后对所有的自变量、因变量以及控制变量进行 Person 相关分析以初步探讨各变量之间的可能关系。在上述分析完成后，本书采用层级回归的方法检验直接效应与调节效应，同时考察各变量之间的多重共线性问题，最后采用 Bootstrap 中介效应检验方法检验中介效应。

4.4.2.1　层级回归分析

本书根据上面的回归模型，采用层级回归对直接效应和调节效应进行假设检验。具体步骤为：首先，检验自变量（企业绿色失责媒体曝光、企业社会层面失责媒体曝光以及企业治理失责媒体曝光）是否对因变量（投资者反应）产生显著的影响。其次，对调节效应进行检验。如果自变量和因变量之间的相关关系显著，则展开第二步的检验，展开第二步的检验前需要对自变量和调节变量进行标准化处理以避免多重共线问题的产生，将标准化后的自变量和调节变量相乘代入前面的回归方程，检验乘积项与因变量之间是否存在显著的相关关系，如果存在显著的相关关系，则说明调节效应成立。最后，在上述调节效应检验结果的基础上，本书沿用艾肯和韦斯特（Aiken and West，1991）所建议的方法，绘制调节效应图以更加清晰地展示调节效应。

4.4.2.2　Bootstrap 中介效应检验法

中介效应是指自变量 X 通过某一变量 M 对因变量 Y 产生影响。引入中介变量的目的是探究变量 X 与变量 Y 之间的内部作用机制，从而完善现有的理论体系，具有重要的理论和现实意义。对中介效应的检验方法，本书沿用方和张（Fang and Zhang，2013）、赵等（Zhao et al.，2012）所建议的检验中介的方法。采用 Bootstrap 中介效应检验方法形成归因间接效应 95% 的置信区间，如果 0 不包含在置信区间内认为中介效应存在。

4.5　本章小结

本章主要包含四个方面的内容：首先，本书在该章中对样本与数据来源、数据收集过程进行了详细说明。其次，在现有研究的基础上以及结合本书的研究问题，对模型所涉及的变量的度量方法进行了选择和确定。再次，对本书所采用的事件研究法进行了解释。最后，对本书的假设检验程序与检验方法进行了介绍。

第5章　实证分析和结果

　　本章的内容主要是对第3章中提出的假设进行数据分析和实证检验，数据分析软件采用的是统计学软件STATA 14.0和SPSS 19.0。本章主要分两个步骤进行：第一步，采用STATA 14.0进行事件分析，计算出事件的CAR，检验假设1a、假设2a以及假设3a。同时，事件的CAR值为第二步的层级回归分析和Bootstrap中介检验做数据准备。第二步，我们采用SPSS 19.0进行层级回归分析和Bootstrap中介效应检验对前面的假设（除假设1a、假设2a以及假设3a外）进行验证。为避免极端值对回归结果的影响，本书对所涉及的连续变量在1%的水平上进行了Winsorize处理。

5.1　描述统计分析

5.1.1　样本的描述统计

　　表5–1为三种类型的企业社会失责媒体曝光的样本分布。由表5–1可见，三种企业社会失责媒体曝光的样本总量为398。其中，企业社会绿色失责媒体曝光的样本数量为89；企业社会层面失责媒体曝光的样本数量为168；企业社会治理失责媒体曝光的样本数量为201。由此可见，财经报纸对企业治理失责的问题进行了较多的关注。依据证监会行业分类标准，表5–1描述了样本企业的行业分布特征。从表5–1可以看出，制造业上市公司的样本量最多，高达291家，占总样本的比重为73.116%。样本量排名第二的是采掘业，达到15家，占总样本的比重为3.769%。样本量最少的是建筑业，居民服务、修理和其他服务业，样本数为2，占总样本的比重为0.503%。

表 5 - 1　　　　　　　三种类型的企业社会失责媒体曝光的样本分布

行业	行业名称	企业绿色失责	企业社会层面失责	企业治理失责	合计	百分比（%）
A	农、林、牧、渔业	2	0	8	10	2.513
B	采掘业	6	5	4	15	3.769
C	制造业	67	78	146	291	73.116
D	电力、热力、燃气及水生产和供应业	4	1	2	7	1.759
E	建筑业	3	1	3	7	1.759
F	批发零售业	3	0	10	13	3.266
G	交通运输、仓储和邮政业	3	5	4	12	3.015
H	住宿和餐饮业	1	3	4	8	2.010
I	信息传输、软件和信息技术服务业	0	5	5	10	2.513
J	金融业	0	1	5	6	1.508
K	房地产业	0	2	5	7	1.759
O	居民服务、修理和其他服务业	0	2	0	2	0.503
S	综合	0	5	5	10	2.513
	合计	89	108	201	398	100

5.1.2　变量的描述统计和相关性分析

有关变量的描述性统计如表 5 - 2 ~ 表 5 - 4 所示。其中，表 5 - 2 列示了企业绿色失责媒体曝光问题的变量描述性统计和相关性分析结果。如表 5 - 2 所示，CAR_3 表示的是企业绿色失责媒体曝光前一天到后一天（共计三天）的累计异常报酬率。企业绿色失责媒体曝光前一天到后一天三天的累计异常报酬率的均值为负数（Mean = -0.029），标准差为 0.057（SD = 0.057）。表 5 - 2 也报告了企业绿色失责媒体曝光研究问题中各变量之间的 Pearson 相关性系数。通过各变量的相关性分析，可以粗率地判断研究模型的构建是否合理。而且相关性分析为是否做多重共线性检验打下基础。如表 5 - 2 所示，企业绿色失责媒体曝光和 CAR_3 之间存在着显著负相关关系，即企业绿色失责媒体曝光越多，累计异常报酬率的值越低（p < 0.01）。此外，本书检验了与企业绿色失责媒体曝光研究问题有关的各变量的多重共线性问题。各变量的方差膨胀因子（VIF）远远低于 10，最大的 VIF 值为 1.732。容忍度（Tolerance）远大于

0.10，检验结果说明变量共线性不严重。

表5-2   企业绿色失责媒体曝光问题的变量描述性统计和相关性分析

变量	Mean	SD	1	2	3	4	5	6	7	8	9
CAR_3	-0.029	0.057	1								
GreenM	3.600	1.851	-0.511***	1							
ZM	8.066	1.564	-0.188*	0.166	1						
MY	0.189	0.264	0.020	-0.062	-0.167	1					
SocialI	0.234	0.131	0.435***	-0.417***	0.069	0.191*	1				
Scale	8.554	1.583	0.278***	-0.244**	0.038	0.166	0.260**	1			
PB	0.059	0.059	-0.088	0.107	-0.147	-0.045	-0.120	0.175	1		
TQ	2.721	1.613	-0.402***	0.520***	0.290***	-0.156	-0.275***	-0.363***	0.135	1	
Lev	0.471	0.164	0.208*	0.231**	0.221**	0.251**	0.501***	0.356***	-0.014	-0.155	1

注：* 为 $p < 0.1$，** 为 $p < 0.05$，*** 为 $p < 0.01$。

表5-3报告了企业社会层面失责媒体曝光问题的变量描述性统计和相关性分析结果。如表5-3所示，CAR_3表示的是企业社会层面失责媒体曝光前一天到后一天（总计三天）的累计异常报酬率。企业社会层面失责媒体曝光前一天到后一天三天的累计异常报酬率的均值为负数（Mean = -0.016），标准差为0.044（SD = 0.076）。此外，从表5-3的相关性分析结果可以得出，企业社会层面失责媒体曝光和CAR_3之间存在着显著负相关关系，即企业社会层面失责媒体曝光越多，累计异常报酬率的值越低（$p < 0.01$），同样地，本书检验了与企业社会层面失责媒体曝光研究问题有关的各变量的多重共线性问题。各变量的方差膨胀因子（VIF）远远低于10，最大的VIF值为1.330。容忍度（Tolerance）远大于0.10。检验结果说明变量的共线性不严重。

表5-3   企业社会层面失责媒体曝光问题的变量描述性统计和相关性分析

变量	均值	SD	1	2	3	4	5	6	7	8	9
CAR_3	-0.016	0.076	1								
SocialM	3.167	1.482	-0.405***	1							
ZM	7.539	1.649	-0.148	0.040	1						
MY	0.114	0.303	0.113	-0.050	0.000	1					

续表

变量	均值	SD	1	2	3	4	5	6	7	8	9
SocialI	0.332	0.188	0.195**	0.013	−0.065	0.186*	1				
Scale	7.665	1.537	−0.023	0.066	0.167*	0.250**	0.063	1			
PB	0.033	0.086	0.153	−0.184	0.022	0.178*	0.089	−0.012	1		
TQ	2.924	2.419	0.029	0.002	0.145	−0.178*	−0.020	−0.325***	0.090	1	
Lev	0.469	0.235	0.025	−0.138	0.216**	−0.002	0.059	0.265***	−0.189**	−0.083	1

注：* 为 $p<0.1$，** 为 $p<0.05$，*** 为 $p<0.01$。

表 5 - 4 展示了企业治理失责媒体曝光问题的变量描述性统计和相关性分析结果。如表 5 - 4 所示，CAR_3 表示的是企业治理失责媒体曝光前一天到后一天（总计三天）的累计异常报酬率。企业治理失责媒体曝光前一天到后一天三天的累计异常报酬率的均值为负数（Mean = − 0.018），标准差 0.070（SD = 0.070）。从表 5 - 4 的相关性分析结果可以得出，企业治理失责媒体曝光和 CAR_3 之间存在着显著负相关关系，即企业治理失责媒体曝光越多，累计异常报酬率的值越低（$p<0.01$）。而且，企业治理失责媒体曝光问题有关的各变量的多重共线性问题也得到了检验。各变量的方差膨胀因子（VIF）远远低于 10，最大的 VIF 值为 1.301。容忍度（Tolerance）远大于 0.10。检验结果说明变量的共线性不严重。

表 5 - 4   企业治理失责媒体曝光问题的变量描述性统计和相关性分析

变量	均值	SD	1	2	3	4	5	6	7	8	9
CAR_3	−0.018	0.070	1								
GovernM	2.756	1.785	−0.578***	1							
ZM	7.794	1.679	−0.304***	0.235***	1						
MY	0.092	0.280	−0.255***	0.116	0.051	1					
SocialI	0.266	0.220	0.346***	−0.196***	−0.186***	0.013	1				
Scale	7.985	1.574	−0.125*	0.185***	0.106	0.060	−0.051	1			
PB	0.054	0.085	0.100	0.068	−0.074	0.111	0.092	0.138*	1		
TQ	2.999	2.143	0.045	0.051	−0.016	−0.067	−0.032	−0.267***	0.227***	1	
Lev	0.449	0.214	0.000	−0.171**	−0.089	0.022	0.135*	0.209***	−0.265***	−0.137*	1

注：* 为 $p<0.1$，** 为 $p<0.05$，*** 为 $p<0.01$。

5.2　假设检验

5.2.1　三个维度企业社会失责媒体曝光的事件研究结果

本书将三个维度企业社会失责媒体曝光事件窗的累积异常报酬率以及显著性检验的结果报告于表 5 - 5 中。如表 5 - 5 所示，企业绿色失责媒体曝光在事件窗区间内累积异常报酬率显著为负（t = - 4.783，p < 0.01）；事件窗区间内累积异常报酬率显著为负（t = - 4.793，p < 0.01）；事件窗区间内累积异常报酬率显著为负（t = - 4.114，p < 0.01）；事件窗区间内累积异常报酬率显著为负（t = - 4.943，p < 0.01）；事件窗区间内累积异常报酬率显著为负（t = - 3.025，p < 0.01）；事件窗区间内累积异常报酬率显著为负（t = - 2.240，p < 0.05）；事件窗区间内累积异常报酬率显著为负（t = - 2.273，p < 0.05）。由此可见，假设 1a 得到支持。

表 5 - 5 同时报告了企业社会层面失责媒体曝光事件窗的累积异常报酬率，从表 5 - 5 可知，企业社会层面失责媒体曝光在事件窗区间内的累积异常报酬率均显著为负。以上结果说明企业社会层面媒体曝光产生了负向的累计异常报酬率，假设 2a 得到了验证。

此外，表 5 - 5 列示了企业治理失责媒体曝光事件窗的累积异常报酬率，从表 5 - 5 可知，企业治理失责媒体曝光在事件窗区间内的累积异常报酬率均显著为负。由此可知，假设 3a 得到了验证。

表 5 - 5　　　　　　　三个维度企业社会失责媒体曝光累积异常报酬率

事件窗口	企业绿色失责媒体曝光	企业社会层面 失责媒体曝光	企业治理失责媒体曝光
CAR t 值	- 0.029 *** （ - 4.783）	- 0.016 ** （ - 2.225）	- 0.018 *** （ - 3.694）
CAR t 值	- 0.029 *** （ - 4.793）	- 0.019 ** （ - 2.448）	- 0.017 *** （ - 3.339）
CAR t 值	- 0.030 *** （ - 4.114）	- 0.020 ** （ - 2.230）	- 0.021 *** （ - 3.739）

续表

事件窗口	企业绿色失责媒体曝光	企业社会层面失责媒体曝光	企业治理失责媒体曝光
CAR t 值	-0.034 *** (-4.943)	-0.017 * (-1.773)	-0.023 *** (-3.881)
CAR t 值	-0.023 *** (-3.025)	-0.021 ** (-2.185)	-0.027 *** (-4.356)
CAR t 值	-0.017 ** (-2.240)	-0.027 ** (-2.574)	-0.031 *** (-4.676)
CAR t 值	-0.019 ** (-2.273)	-0.021 * (-1.940)	-0.038 *** (-5.265)

注：* 为 $p < 0.1$，** 为 $p < 0.05$，*** 为 $p < 0.01$；$n = 398$。

5.2.2　层级回归结果

本书采用层级回归的方法进一步验证本书的假设。表 5 - 6 显示了与企业绿色失责媒体曝光有关问题的回归结果。对调节效应的检验，需要考虑多重共线性的问题。本书沿用艾肯和韦斯特（Aiken and West, 1991）所建议的方法，在计算乘积项前将自变量和调节变量标准化。表 5 - 6 中的模型 1a 中仅放入控制变量，模型 1b 中放入控制变量和企业绿色失责媒体曝光，统计结果表明，企业绿色失责媒体曝光与投资者反应负相关，即企业绿色失责媒体曝光越多，投资者反应越消极（标准回归系数 $\beta = -0.397$，$p < 0.01$），支持了假设 1b。模型 1c 在模型 1b 的基础上加入调节变量企业知名度，模型 1d 在模型 1c 的基础上加入企业知名度与企业绿色失责媒体曝光的乘积项，统计结果表明，企业知名度与企业绿色失责媒体曝光的交互项与 CAR 的标准回归系数为 -0.070，p 值大于 0.1。数据结果表明，企业知名度对企业绿色失责媒体曝光与投资者反应间关系的调节作用不显著，即，假设 5a 没有得到验证。模型 1e 同样在模型 1b 的基础上加入企业美誉度，模型 1f 在模型 1e 的基础上加入了企业美誉度与企业绿色失责媒体曝光的乘积项，统计结果表明，企业美誉度与企业绿色失责媒体曝光的交互项与 CAR 的标准回归系数为 0.207，p 值小于 0.05。以上数据结果表明，企业美誉度减弱了企业绿色失责媒体曝光对投资者反应的消极

反应，假设 6a 得到了验证。对三项交互的检验，本书沿用格兰特和苏曼思（Grant and Sumanth，2009）所建议的方法，在模型 1g 加入所有预测变量和两项交互，模型 1h 在模型 1g 的基础上加入了企业知名度、企业美誉度和企业绿色失责媒体曝光三者的乘积项，统计结果表明，三项交互项对 CAR 有显著的影响（标准回归系数 $\beta = 0.302$，$p < 0.01$），假设 7a 得到验证。为了更清晰地反映上述调节效应，采用艾肯和韦斯特（1991）建议的方法，绘制了图 5 - 1 ~ 图 5 - 3 三个调节效应图。将调节变量分为高和低两个值，高调节变量取值方法是均值加上一个标准差，低调节变量取值方法是均值减去一个标准差，然后将这两个值（三项交互有 4 个值）分别代入检验调节效应的回归方程中进行绘图。如图 5 - 1 所示，随着美誉度的提高，企业绿色失责媒体曝光对投资者反应的影响由负向转变到正向，进一步验证假设 6a。如图 5 - 2 和图 5 - 3 所示，当企业美誉度较低时，随着知名度的提高，企业绿色失责媒体曝光对投资者反应影响的拟合线的斜率降低；当企业美誉度较高时，随着知名度的提高，企业绿色失责媒体曝光对投资者反应影响的拟合线的斜率增大，支持假设 7a。

表 5 - 6 　　　　　　　　　　　与企业绿色失责媒体曝光有关问题的回归结果

变量	CAR₃（CAR）							
	模型 1a	模型 1b	模型 1c	模型 1d	模型 1e	模型 1f	模型 1g	模型 1h
控制变量								
Scale	0.132	0.127	0.147	0.158	0.129	0.146	0.154	0.152
PB	-0.066	-0.049	-0.080	-0.096	-0.051	-0.094	-0.116	-0.164
TQ	-0.327***	-0.131	-0.081	-0.039	-0.140	-0.060	-0.011	0.085
Lev	0.114	0.065	0.098	0.095	0.075	0.057	0.101	0.126
直接效应								
GreenM		-0.397***	-0.385***	-0.392***	-0.391***	-0.406***	-0.402***	-0.285**
ZM			-0.137	-0.144			-0.147	-0.141
MY					-0.054	-0.071	-0.095	-0.123
调节效应								
GreenM × ZM				-0.070			-0.007	-0.009
GreenM × MY						0.207**	0.206*	0.222**

续表

变量	CAR₃（CAR）							
	模型 1a	模型 1b	模型 1c	模型 1d	模型 1e	模型 1f	模型 1g	模型 1h
ZM × MY							−0.061	−0.083
GreenM × ZM × MY								0.302 ***
R^2	0.198	0.309	0.324	0.328	0.312	0.348	0.369	0.424
$\triangle R^2$		0.112	0.015	0.004	0.003	0.036	0.059	0.055
Model F-value	5.110 ***	7.350 ***	6.475 ***	5.572 ***	6.127 ***	6.103 ***	4.497 ***	5.080 ***

注：1. * 为 $p < 0.1$，** 为 $p < 0.05$，*** 为 $p < 0.01$；$n = 89$。
　　2. 所有系数均为标准化回归系数。

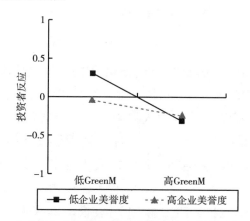

图 5 - 1　企业绿色失责媒体曝光背景下企业美誉度的调节效应

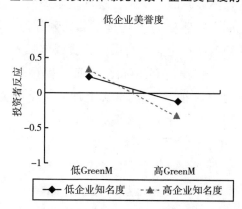

图 5 - 2　低企业美誉度下企业声誉两个维度与企业

绿色失责媒体曝光三项交互效应

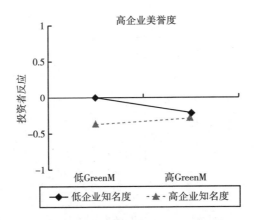

图 5-3　高企业美誉度下企业声誉两个维度与企业
绿色失责媒体曝光三项交互效应

表 5-7 报告了与企业社会层面失责媒体曝光有关问题的回归结果。同样地，本书采用层级回归的方法进一步验证本书的假设。对调节效应的检验，需要考虑多重共线性的问题。本部分同样在计算乘积项前将自变量和调节变量标准化。表 5-7 中的模型 2a 中仅放入控制变量，模型 2b 中放入控制变量和企业社会层面失责媒体曝光，统计结果表明，企业社会层面失责媒体曝光与投资者反应负相关，即企业社会层面失责媒体曝光越多，投资者反应越消极（标准回归系数 $\beta = -0.418$，$p < 0.01$），支持了假设 2b。模型 2c 在模型 2b 的基础上加入调节变量—企业知名度，模型 2d 在模型 2c 的基础上加入企业知名度与企业社会层面失责媒体曝光的乘积项，统计结果表明，企业知名度与企业社会层面失责媒体曝光的交互项与 CAR 的标准回归系数为 0.045，p 值大于 0.1。数据结果表明，企业知名度对企业社会层面失责媒体曝光与投资者反应间关系的调节作用不显著，即，假设 5b 没有得到验证。模型 2e 同样在 2b 的基础上加入企业美誉度，模型 2f 在模型 2e 的基础上加入了企业美誉度与企业社会层面失责媒体曝光的乘积项，统计结果表明，企业美誉度与企业社会层面失责媒体曝光的交互项与 CAR 的标准回归系数为 0.216，p 值小于 0.05。以上数据结果表明，企业美誉度减弱了企业社会层面失责媒体曝光对投资者反应的消极反应，假设 6b 得到了验证。对三项交互的检验，同样，沿用格兰特和苏曼思（2009）所建议的方法，在模型 2g 中加入所有预测变量和两项交互，模型 2h 在模型 2g 的基础上加入了企业知名度、企业美誉度和企业社会层面失责媒体

曝光三者的乘积项，统计结果表明，三项交互项对 CAR 有显著的影响（标准回归系数 β = 0.282，p < 0.01），假设 7b 得到验证。

表 5 - 7　　　　　　　　与企业社会层面失责媒体曝光有关问题的回归结果

变量	CAR$_3$（CAR）							
	模型 2a	模型 2b	模型 2c	模型 2d	模型 2e	模型 2f	模型 2g	模型 2h
控制变量								
Scale	-0.024	0.033	0.047	0.055	0.010	0.015	0.019	0.017
PB	0.187 *	0.091	0.096	0.097	0.074	0.079	0.146	0.088
TQ	0.022	0.053	0.069	0.075	0.068	0.041	0.015	0.063
Lev	0.041	-0.038	-0.020	-0.016	-0.033	-0.031	0.033	-0.006
直接效应								
SociaM		-0.418 ***	-0.411 ***	-0.418 ***	-0.416 ***	-0.355 ***	-0.317 ***	-0.271 **
ZM			-0.083	-0.086			-0.011	0.031
MY					0.104	0.053	0.066	0.136
调节效应								
SocialM × ZM				0.045			0.063	0.056
SocialM × MY						0.216 **	0.281 ***	0.386 ***
ZM × MY							-0.003	0.014
SocialM × ZM × MY								0.282 ***
R^2	0.035	0.197	0.203	0.205	0.206	0.246	0.299	0.360
△R^2		0.162	0.006	0.002	0.010	0.040	0.102	0.061
Model F-value	0.899	4.758 ***	4.076 ***	3.499 ***	4.163 ***	4.433 ***	3.929 ***	3.023 ***

注：1. * 为 p < 0.1，** 为 p < 0.05，*** 为 p < 0.01；n = 108。2. 所有系数均为标准化回归系数。

为了将上述调节效应清晰地反映出来，同样地，本书绘制了调节效应图。将调节效应描绘在图 5 - 4 ~ 图 5 - 6 中。如图 5 - 4 所示，随着企业美誉度的提高，企业社会层面失责媒体曝光对投资者反应的消极影响逐渐减弱，进一步验证假设 6b。如图 5 - 5 和图 5 - 6 所示，当企业美誉度较低时，随着知名度的提高，企业社会层面失责媒体曝光对投资者反应影响的拟合线的斜率降低；当企业美誉度较高时，随着知名度的提高，企业社会层面失责媒体曝光对投资者反应影响的拟合线的斜率增大，支持假设 7b。

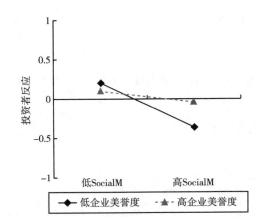

图 5 - 4   企业社会层面失责媒体曝光背景下企业美誉度的调节效应

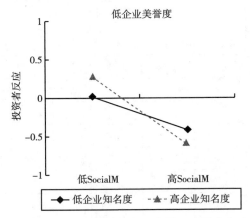

图 5 - 5   低企业美誉度下企业声誉两个维度与企业

社会层面失责媒体曝光三项交互效应

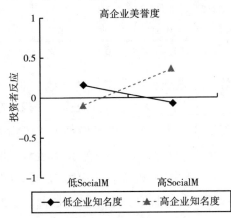

图 5 - 6   高企业美誉度下企业声誉两个维度与企业社会层面失责媒体曝光三项交互效应

表5-8显示了与企业治理失责媒体曝光有关问题的回归结果。同样地，在检验调节效应时，为了避免多重共线性问题，在计算乘积项前对自变量和调节变量进行了标准化处理。表5-8中的模型3a中仅放入控制变量，模型3b中放入控制变量和企业治理失责媒体曝光，统计结果表明，企业治理失责媒体曝光与投资者反应负相关，即企业治理失责媒体曝光越多，投资者反应越消极（标准回归系数 $\beta = -0.597$，$p < 0.01$），支持了假设3b。模型3c在模型3b的基础上加入调节变量企业知名度，模型3d在模型3c的基础上加入企业知名度与企业治理失责媒体曝光的乘积项，统计结果表明，企业知名度与企业治理失责媒体曝光的交互项与CAR的标准回归系数为 -0.179，$p < 0.01$。数据结果表明，企业知名度对企业治理失责媒体曝光与投资者反应间关系的调节作用显著，而且企业知名度增强了企业治理失责对投资者反应的消极影响，假设5c得到了验证。模型3e同样在3b的基础上加入企业美誉度，模型3f在模型3e的基础上加入了企业美誉度与企业治理失责媒体曝光的乘积项，统计结果表明，企业美誉度与企业治理失责媒体曝光的交互项与CAR的标准回归系数为0.147，$p < 0.05$。以上数据结果表明，企业美誉度减弱了企业社会治理失责媒体曝光对投资者反应的消极反应，假设6c得到了验证。对三项交互的检验，与前述所用方法一致，在模型3g中加入所有预测变量和两项交互，模型3h在模型2g的基础上加入了企业知名度、企业美誉度和企业治理失责媒体曝光三者的乘积项，统计结果表明，三项交互项对CAR有显著的影响（标准回归系数 $\beta = 0.200$，$p < 0.01$），假设7c得到验证。

表5-8　　　　　　与企业治理失责媒体曝光有关问题的回归结果

变量	CAR₃（CAR）							
	模型3a	模型3b	模型3c	模型3d	模型3e	模型3f	模型3g	模型3h
控制变量								
Scale	-0.167**	-0.007	0.013	-0.009	-0.013	0.018	-0.006	-0.019
PB	0.147*	0.115*	0.091	0.065	0.146**	0.117*	0.063	0.084
TQ	-0.024	0.038	0.042	0.018	0.017	0.022	-0.011	-0.024
Lev	0.071	-0.064	-0.084	-0.084	-0.049	-0.075	-0.067	-0.061
直接效应								
GovernM		-0.597***	-0.562***	-0.521***	-0.571***	-0.596***	-0.581***	-0.561***
ZM			-0.173***	-0.153***			-0.105*	-0.080

续表

变量	CAR$_3$（CAR）							
	模型 3a	模型 3b	模型 3c	模型 3d	模型 3e	模型 3f	模型 3g	模型 3h
MY					−0.202 ***	−0.198 ***	−0.135 **	−0.115
调节效应								
GovernM × ZM			−0.179 ***				−0.181 ***	−0.170 **
GovernM × MY						0.147 **	0.168 **	0.179 **
ZM × MY							−0.017	0.012
GovernM × ZM × MY								0.200 ***
R^2	0.035	0.359	0.387	0.415	0.398	0.418	0.470	0.506
△R^2		0.325	0.027	0.028	0.039	0.020	0.111	0.036
Model F-value	1.753	21.861 ***	20.379 ***	19.558 ***	21.407 ***	19.830 ***	16.842 ***	11.793 ***

注：1. * 为 $p < 0.1$，** 为 $p < 0.05$，*** 为 $p < 0.01$；n = 201。

2. 所有系数均为标准化回归系数。

同样地，本书对调节效应进行绘图。将调节效应描绘于图 5 - 7 ~ 图 5 - 10 中。如图 5 - 7 所示，随着企业知名度的提高，企业治理失责媒体曝光对投资者反应的消极影响增强，进一步验证假设 5c。如图 5 - 8 所示，随着企业美誉度的提高，企业治理失责媒体曝光对投资者反应的消极影响减弱，进一步验证假设 6c。如图 5 - 9 和图 5 - 10 所示，当企业美誉度较低时，随着知名度的提高，企业治理失责媒体曝光对投资者反应影响的拟合线的斜率降低；当企业美誉度较高时，随着知名度的提高，企业治理失责媒体曝光对投资者反应影响的拟合线的斜率增大，支持假设 7c。

对假设 4 的检验，沿用克利里（Cleary，1999）、李等（Li et al.，2010）所采用的研究方法，我们对比企业绿色失责媒体曝光、企业社会层面失责媒体曝光以及企业治理失责媒体曝光三个维度对投资者反应影响的标准化回归系数的绝对值，分别为 0.397、0.418、0.597，然后对三组的系数进行差异检验。我们采用与克利里（Cleary，1999）同样的步骤，进行两两对比，基于似无关回归模型 seemingly unrelated regression，SUR 的检验结果表明，企业绿色失责媒体曝光与企业社会层面失责媒体曝光对投资者反应的影响差异不显著（Chi2 = 1.60，$p > 0.1$）；企业绿色失责媒体曝光与企业治理失责媒体曝光对投资者反应的影响存在着显著差异（Chi2 = 5.19，$p < 0.05$）；企业社会层面失责媒体曝

光与企业治理失责媒体曝光对投资者反应的影响存在着显著差异（Chi2 =
0.17，p<0.1）。由此可见，假设4得到部分支持。

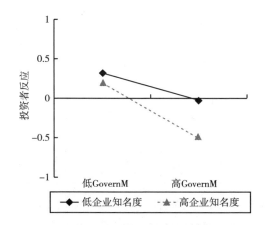

图5-7 企业治理失责媒体曝光背景下企业知名度的调节效应

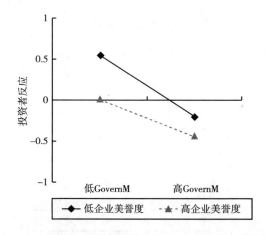

图5-8 企业治理失责媒体曝光背景下企业美誉度的调节效应

5.2.3 中介效应检验

本书遵循赵等（Zhao et al.，2012）所采用的检验中介的方法。采用 Boot-
strap 方法分别对三个样本进行中介效应的检验，设定样本量为5000，选择置
信区间为95%，选用 Bias correlated 方法。Bootstrap 中介效应检验的结果通过
考察归因间接效应95%的置信区间可得，如果0不包含在置信区间内认为中

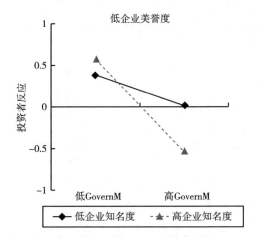

**图 5 - 9　低企业美誉度下企业声誉两个维度与企业
治理失责媒体曝光三项交互效应**

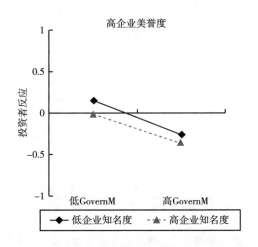

**图 5 - 10　低企业美誉度下企业声誉两个维度与企业
治理失责媒体曝光三项交互效应**

间效应存在。首先，我们对基于社交媒体的投资者情绪对企业绿色失责媒体曝光和投资者反应关系的中介作用进行检验，检验结果表明，置信区间内的极小值 LLCI = -0.0066，置信区间内的极大值 ULCI = -0.0002，且中介效应值为 -0.0023。由此可见，假设 8a 成立。其次，我们检验基于社交媒体的投资者情绪对企业社会层面失责媒体曝光和投资者反应关系的中介作用，即对假设

8b 进行检验，同样地，有条件的间接效应分析表明，置信区间内的极小值 LLCI = −0.0007，置信区间内的极大值 ULCI = 0.0029，0 包含在置信区间内，可见假设 8b 不成立。最后，检验基于社交媒体的投资者情绪对企业治理失责媒体曝光和投资者反应关系的中介作用，有条件的间接效应分析表明，置信区间内的极小值 LLCI = −0.0034，置信区间内的极大值 ULCI = −0.0003，0 不包含在置信区间内，且中介效应值为 −0.0015，可见假设 8c 成立。

5.3 稳健性检验

为了检验实证结果是否因为参数设定的变化而变化，即是否稳健，本书将以代替作为事件估计窗口，重新估计累计异常报酬率。然后，进行层级回归分析和中介效应的稳健性检验。

5.3.1 三个维度企业社会失责媒体曝光的事件研究结果稳健性检验

如表 5 − 9 所示，企业绿色失责媒体曝光、企业社会层面失责媒体曝光与企业治理失责媒体曝光在事件窗区间内的累积异常报酬率均显著为负。由此可见，事件研究的结果较为稳健性，假设 1a、假设 2a 以及假设 3a 的检验结果稳健。

表 5 − 9　三个维度企业社会失责媒体曝光累积异常报酬率的稳健性检验

窗口	企业绿色失责媒体曝光	企业社会层面失责媒体曝光	企业治理失责媒体曝光
CAR	− 0.031 ***	− 0.014 *	− 0.018 ***
t 值	（ − 5.041）	（ − 1.782）	（ − 3.688）
CAR	− 0.023 ***	− 0.018 **	− 0.023 ***
t 值	（ − 2.739）	（ − 2.046）	（ − 4.210）
CAR	− 0.029 ***	− 0.025 **	− 0.028 ***
t 值	（ − 3.118）	（ − 2.554）	（ − 4.624）

续表

窗口	企业绿色失责媒体曝光	企业社会层面失责媒体曝光	企业治理失责媒体曝光
CAR t 值	-0.037 *** (-3.576)	-0.020 * (-1.790)	-0.026 *** (-3.888)
CAR t 值	-0.024 * (-1.851)	-0.025 ** (-2.137)	-0.033 *** (-4.467)
CAR t 值	-0.026 ** (-2.001)	-0.028 ** (-2.374)	-0.037 *** (-4.832)
CAR t 值	-0.040 *** (-2.807)	-0.023 * (-1.899)	-0.042 *** (-5.262)

注：* 为 $p<0.1$，** 为 $p<0.05$，*** 为 $p<0.01$；$n=398$。

5.3.2 回归分析结果的稳健性检验

对事件研究进行稳健性检验后，我们采用以作为事件估计窗口估计出的累计异常报酬率作为因变量，对层级回归的结果进行稳健性检验。将稳健检验的结果列示于表 5-10 ~ 表 5-12 中。由以下 3 个表格可见，鉴于稳健性检验的结果与前述回归模型的假设检验结果基本一致，本书不再对稳健检验的结果进行详细赘述。由此，本书的层级的回归结果较为稳健。

表 5-10　与企业绿色失责媒体曝光有关问题回归结果的稳健性检验

变量	CAR_3（CAR）							
	模型 4a	模型 4b	模型 4c	模型 4d	模型 4e	模型 4f	模型 4g	模型 4h
控制变量								
Scale	0.156	0.151	0.172	0.182 *	0.152	0.167	0.176	0.173
PB	-0.053	-0.039	-0.071	-0.086	-0.040	-0.078	-0.100	-0.154
TQ	-0.336 ***	-0.160	-0.107	-0.070	-0.164	-0.091	-0.044	0.065
Lev	0.113	0.070	0.104	0.101	0.075	0.058	0.103	0.130
直接效应								
GreenM		-0.358 ***	-0.345 ***	-0.351 ***	-0.355 ***	-0.368 ***	-0.364 ***	-0.232 **

续表

变量	CAR₃（CAR）							
	模型 4a	模型 4b	模型 4c	模型 4d	模型 4e	模型 4f	模型 4g	模型 4h
ZM			−0.144	−0.151			−0.147	−0.141
MY					−0.027	−0.043	−0.067	−0.098
调节效应								
GreenM × ZM				−0.061			−0.002	−0.004
GreenM × MY						0.189 *	0.190 *	0.208 **
ZM × MY							−0.060	−0.086
GreenM × ZM × MY								0.339 ***
R²	0.216	0.307	0.324	0.326	0.308	0.338	0.359	0.428
△R²		0.091	0.016	0.003	0.001	0.030	0.052	0.069
Model F-value	5.733 ***	7.275 ***	6.461 ***	5.539 ***	6.007 ***	5.835 ***	4.310 ***	5.176 ***

注：1. * 为 $p < 0.1$， ** 为 $p < 0.05$， *** 为 $p < 0.01$；$n = 89$。

2. 所有系数均为标准化回归系数。

表 5 – 11   与企业社会层面失责媒体曝光有关问题回归结果的稳健性检验

变量	CAR₃（CAR）							
	模型 5a	模型 5b	模型 5c	模型 5d	模型 5e	模型 5f	模型 5g	模型 5h
控制变量								
Scale	−0.064	−0.008	0.013	0.021	−0.029	−0.024	−0.006	−0.000
PB	0.162	0.069	0.077	0.077	0.053	0.059	0.102	0.033
TQ	−0.001	0.029	0.054	0.059	0.043	0.016	0.033	0.092
Lev	0.049	−0.028	0.000	0.004	−0.023	−0.021	0.053	0.006
直接效应								
SociaM		−0.407 ***	−0.396 ***	−0.402 ***	−0.405 ***	−0.344 ***	−0.301 ***	−0.255 **
ZM			−0.125	−0.129			−0.056	−0.031
MY					0.095	0.045	0.047	0.115
调节效应								
SocialM × ZM				0.042			0.047	0.032
SocialM × MY						0.214 **	0.289 ***	0.402 ***

续表

变量	CAR₃ (CAR)							
	模型 5a	模型 5b	模型 5c	模型 5d	模型 5e	模型 5f	模型 5g	模型 5h
ZM × MY							0.026	0.053
SocialM × ZM × MY								0.292 ***
R^2	0.028	0.181	0.195	0.197	0.189	0.229	0.282	0.346
$\triangle R^2$		0.153	0.014	0.002	0.008	0.040	0.101	0.064
Model F-value	0.714	4.290 ***	3.877 ***	3.324 ***	3.732 ***	4.025 ***	3.620 ***	2.839 ***

注：1. * 为 $p < 0.1$，** 为 $p < 0.05$，*** 为 $p < 0.01$；$n = 108$。

2. 所有系数均为标准化回归系数。

表 5 – 12　　与企业治理失责媒体曝光有关问题回归结果的稳健性检验

变量	CAR₃ (CAR)							
	模型 6a	模型 6b	模型 6c	模型 6d	模型 6e	模型 6f	模型 6g	模型 6h
控制变量								
Scale	− 0.169 **	− 0.010	0.010	− 0.012	− 0.016	0.016	− 0.012	− 0.025
PB	0.071	− 0.064	− 0.083	− 0.083	− 0.048	− 0.075	− 0.072	− 0.065
TQ	− 0.030	0.031	0.035	0.011	0.010	0.015	− 0.015	− 0.029
Lev	0.150 *	0.119 *	0.096	0.069	0.150 **	0.120 *	0.054	0.076
直接效应								
GovernM		− 0.594 ***	− 0.559 ***	− 0.517 ***	− 0.567 ***	− 0.593 ***	− 0.582 ***	− 0.561 ***
ZM			− 0.171 ***	− 0.151 ***			− 0.115 **	− 0.088
MY					− 0.205 ***	− 0.201 ***	− 0.130 **	− 0.109
调节效应								
GovernM × ZM				− 0.183 ***			− 0.191 ***	− 0.179 ***
GovernM × MY						0.150 ***	0.186 ***	0.194 **
ZM × MY							− 0.020	0.005
GovernM × ZM × MY								0.208 ***
R^2	0.035	0.356	0.383	0.412	0.396	0.417	0.483	0.522
$\triangle R^2$		0.321	0.027	0.029	0.040	0.021	0.127	0.039
Model F-value	1.791	21.572 ***	20.067 ***	19.350 ***	21.238 ***	19.740 ***	17.736 ***	12.570 ***

注：1. * 为 $p < 0.1$，** 为 $p < 0.05$，*** 为 $p < 0.01$；$n = 201$。

2. 所有系数均为标准化回归系数。

5.3.3　中介效应的稳健性检验

同样地，因变量由以作为事件估计窗口估计出的累计异常报酬率代替，采用赵等（Zhao et al.，2012）所建议的检验中介的方法进行稳健性检验。检验的结果和前面的中介检验结果基本一致，即支持假设 8a 和假设 8c。结果为：对于基于社交媒体的投资者情绪对企业绿色失责媒体曝光和投资者反应关系的中介作用，检验结果表明，置信区间内的极小值 LLCI = − 0.0071，置信区间内的极大值 ULCI = − 0.0002，且中介效应值为 − 0.0025。由此可见，假设 8a 的检验稳健。对于基于社交媒体的投资者情绪对企业社会层面失责媒体曝光和投资者反应关系的中介效应，同样地，有条件的间接效应分析表明，置信区间内的极小值 LLCI = − 0.0008，置信区间内的极大值 ULCI = 0.0025，0 包含在置信区间内，可见假设 8b 不成立，上述检验稳健。对于基于社交媒体的投资者情绪对企业治理失责媒体曝光和投资者反应关系的中介作用，有条件的间接效应分析表明，置信区间内的极小值 LLCI = − 0.0035，置信区间内的极大值 ULCI = − 0.0002，0 不包含在置信区间内，且中介效应值为 − 0.0016，可见假设 8c 的检验稳健。综上所述，中介的检验结果较为稳健。

5.4　本章小结

本章结合事件研究法、层级回归分析法以及 Bootstrap 中介效应检验方法，对本书所提的假设进行了检验。实证检验结果表明，本书所提的 19 个假设中 15 个获取了实证检验的完全支持，1 个获得了实证检验的部分支持。假设通过的情况见表 5 − 13。从总体上看，本书所建立的解决企业社会失责媒体曝光与投资者反应关系 "黑箱" 问题的理论模型是成立的，假设验证结果表明：首先，通过事件研究的结果可得，三个维度企业社会失责媒体曝光均会引发投资者产生消极反应，而且回归分析结果表明，三个不同维度企业社会失责媒体曝光越多，投资者的消极反应越强烈。其次，层级回归分析结果表明，在三个维度的企业社会失责媒体曝光中，与企业绿色失责媒体曝光相比，企业治理失责媒体曝光对投资者反应的消极影响较大。再次，层级回归分析结果表明，企业声誉的知名度维度增强了企业治理失责媒体曝光对投资者反应的消极影响。这就意味着在企业治理失责媒体曝光的情境下，企业知名度是一种"负担"。而企业声誉的美誉度维度减弱了三个维度企业社会失责媒体曝光对投资者反应的消极影响。即在三种类型的企业社会失责媒体曝光的情境下，企业美誉度可以起到"保护伞"的作用。同时，实证结果表明，当企业美誉度较低时，随着企业知名度的提高，三个维度企业社会失责媒体曝光对投资者的消极反应会增强；当企业美誉度较高时，随着企业知名度的提高，三个维度企业社会失责媒体曝光对投资者的消极反应会减弱。最后，Bootstrap 中介效应检验结果表明，基于社交媒体的投资者情绪在企业绿色失责媒体曝光与投资者反应关系中、以及在企业治理失责媒体曝光与投资者反应关系中扮演着中介角色。

表 5 - 13　　　　　　　　　　本书假设检验结果汇总

假设序号	假设内容	检验结果
假设 1a	企业绿色失责媒体曝光促使投资者产生消极反应	通过
假设 1b	企业绿色失责媒体曝光越多，投资者反应越消极	通过
假设 2a	企业社会层面失责媒体曝光促使投资者产生消极反应	通过
假设 2b	企业社会层面失责媒体曝光越多，投资者反应越消极	通过
假设 3a	企业治理失责媒体曝光促使投资者产生消极反应	通过
假设 3b	企业治理失责媒体曝光越多，投资者反应越消极	通过
假设 4	在三大维度的企业社会失责媒体曝光中，企业治理失责媒体曝光对投资者反应的消极影响最强，企业社会层面失责媒体曝光对投资者反应的消极影响次之，企业绿色失责媒体曝光对投资者反应的消极影响最弱	部分通过
假设 5a	企业知名度增强企业绿色失责媒体曝光对投资者反应的消极影响	未通过
假设 5b	企业知名度增强企业社会层面失责媒体曝光对投资者反应的消极影响	未通过
假设 5c	企业知名度增强企业治理失责媒体曝光对投资者反应的消极影响	通过
假设 6a	企业美誉度减弱企业绿色失责媒体曝光对投资者反应的消极影响	通过
假设 6b	企业美誉度减弱企业社会层面失责媒体曝光对投资者反应的消极影响	通过
假设 6c	企业美誉度减弱企业治理失责媒体曝光对投资者反应的消极影响	通过
假设 7a	企业知名度对企业绿色失责媒体曝光与投资者反应关系的调节作用受到企业美誉度的影响	通过
假设 7b	企业知名度对企业社会层面失责媒体曝光与投资者反应关系的调节作用受到企业美誉度的影响	通过

假设序号	假设内容	检验结果
假设 7c	企业知名度对企业治理失责媒体曝光与投资者反应关系的调节作用受到企业美誉度的影响	通过
假设 8a	基于社交媒体的投资者情绪在企业绿色失责媒体曝光和投资者反应之间起着中介作用	通过
假设 8b	基于社交媒体的投资者情绪在企业社会层面失责媒体曝光和投资者反应之间起着中介作用	未通过
假设 8c	基于社交媒体的投资者情绪在企业治理失责媒体曝光和投资者反应之间起着中介作用	通过

第6章 结果讨论与研究意义

本书主要探讨了企业社会失责媒体曝光与投资者反应之间关系的"黑箱"问题。具体地，本书分析了三个维度的企业社会失责媒体曝光对投资者反应的影响，研究了企业声誉的知名度和美誉度维度以及基于社交媒体的投资者情绪在企业社会失责媒体曝光与投资者反应关系之间的作用。在此基础上，本书提出了 19 个假设，通过对中国沪深两地上市的 A 股企业的社会失责媒体曝光数据的收集，获得了 398 份样本，再对这 398 个样本进行了统计分析，19 个假设中共有 16 个假设得到了实证检验的支持，总体上来讲，本书所提出的概念模型得到了验证。本章的主要内容包含对研究结果的分析和讨论，以及对研究结果的理论和实践意义的总结。

6.1 对研究结果的讨论

6.1.1 企业社会失责媒体曝光对投资者反应的作用是一个"黑箱"问题

"黑箱"问题研究的出发点基于任何事物均不是孤立存在的，而是与其他事物之间存在着一定的联系。"黑箱"问题的存在意味着"黑箱"内部的结构和相互关系尚不清晰。通过分析"黑箱"中的"输入"和"输出"变量，对"黑箱"内部状态进行推理，可以找出其内部规律，从而打开这个"黑箱"。对于企业来讲，投资者反应直接影响企业权益资本的成本以及其价值的估计，从而关系到企业能否获取价值的最大化（Castellani et al.，2024）。然而，企业社会失责行为的信息一旦被投资者得知，其会产生一定的行为反应。

在理论研究中，投资者对企业社会失责媒体曝光的行为反应常常成为关注的焦点。然而，正如前文所述，现有研究对这一问题的研究结论不一。企业社会失责媒体曝光对投资者反应的作用构成一个"黑箱"问题，"黑箱"的存在造成企业社会失责媒体曝光对投资者反应的影响机制尚不明确。这个"黑箱"问题的输入变量是企业社会失责媒体曝光，输出变量是投资者反应。为了清楚地了解输入变量是企业社会失责媒体曝光对输出变量的作用机制，我们需要分析这个"黑箱"的内部结构与路径来打开这个"黑箱"。现有文献为我们打开这个"黑箱"提供了很多线索，本书结合现有文献和企业实践提炼出打开这个"黑箱"的三个线索。

首先，本书提出将企业社会失责媒体曝光分为不同的维度，详细探讨不同类型的企业社会失责媒体曝光对投资者反应的影响以及影响差别有助于打开这个"黑箱"，这与一些学者的观点是一致的。企业社会失责媒体曝光可以分为不同的维度，现有的研究探讨了不同维度企业社会失责媒体曝光对投资者反应的作用路径。例如，格罗宁和卡努里（Groening and Kanuri，2016）指出，投资者对新闻的反应取决于该新闻是否被投资者认为影响公司未来现金流。如果投资者根据企业的社会失责信息判断该失责行为能够直接或间接减少未来的现金流，投资者将产生消极的反应。而且，投资者认为不同类型的企业社会失责对企业未来的现金流存在差异性影响。马永远和沈奥（2022）基于投资者反应的角度，强调投资者对不同维度企业社会失责产生差异化反应。

更进一步地，本书提出，探索企业声誉的知名度和美誉度维度在企业社会失责媒体曝光与投资者反应关系中扮演的角色同样有助于打开这个"黑箱"，这一观点与以往学者的研究一致。比如，欧阳哲（2016）、魏等（Wei et al.，2017）马和薛（2023）从企业危机情境出发，认为企业声誉在企业危机情境下作用于投资者行为。此外，企业社会失责媒体曝光会不可避免地使投资者产生不确定性和模糊性的心理，促使投资者产生预期偏差。而且这种预期的偏差对股票价格波动有一定的影响（Baker and Wurgler，2006）。达斯和陈（Das and Chen，2007）指出，投资者情绪在媒体报道与股票的价格波动关系之间起着中介作用。张雅慧、万迪昉和付雷鸣（2011）的研究表明，媒体报道对 IPO 抑价的影响是通过投资者情绪发挥作用的。投资者情绪会影响投资者对媒体报道的反应，本书认为，基于社交媒体的投资者情绪有助于打开这个"黑箱"。

综上所述，企业社会失责媒体曝光与投资者反应之间的"黑箱"是由不同的元素决定的，只有通过对这些元素的详细分析，才能将"黑箱"问题破解。以往的研究表示，将企业社会失责媒体曝光分为不同维度，并将企业声誉的知名度和美誉度维度以及基于社交媒体的投资者情绪引入企业社会失责媒体曝光对投资者反应的作用机制中有助于打开企业社会失责媒体曝光与投资者反应关系的"黑箱"，深入了解企业社会失责媒体曝光对投资者反应的作用机制。

6.1.2　对直接效应的讨论

企业社会失责媒体曝光由三个维度构成：企业绿色失责媒体曝光、企业社会层面失责媒体曝光与企业治理失责媒体曝光。通过分析投资者对不同维度企业社会失责媒体曝光的反应，本书提出假设1a、假设1b、假设2a、假设2b、假设3a、假设3b。这六个假设分别描述了企业绿色失责媒体曝光与投资者反应、企业社会层面失责媒体曝光与投资者反应以及企业治理失责媒体曝光与投资者反应之间的关系。假设4描述了投资者对这三个维度的企业社会失责媒体曝光的选择性反应。从实证检验结果来看，假设1a、假设1b、假设2a、假设2b、假设3a、假设3b均获得了统计支持，假设4获得了部分支持。

假设1a和假设1b的检验表明，企业绿色失责媒体曝光会促使投资者产生消极反应，企业绿色失责媒体曝光越多，投资者消极反应越强烈。根据弗里曼（Freeman，1984）的观点，企业的生存与发展有赖于股东提供的资源，受到股东的制约。例如，作为投资者，股东可以就企业的经营管理活动作出决策，并且具有选择管理者的权利，企业可以通过持续地获取利润来维持股东对其的信任与投资。然而，当企业违反了与自然环境保护有关的法律法规或者道德时，企业需要为此支付一定的成本。这将不利于企业持续获取利润，从而损害投资者的利益。当投资者得知企业绿色失责的信息，会根据相关信息产生企业未来将可能因绿色失责问题支付成本的预期，投资者会因此产生消极的反应。由于担心自主披露绿色失责信息会损害自身的利益，企业可能会选择隐瞒绿色失责的信息，媒体报道成为为投资者提供绿色失责信息的重要渠道。媒体对企业绿色失责行为的曝光能够引发投资者对企业绿色失责行为的关注，从而产生消极反应，而且媒体对企业绿色失责行为曝光的次数越多，媒体所传递的信息影响的范围更大。

本书假设 1a 和假设 1b 的研究结论与以往学者的观点基本保持一致。以往的研究指出，投资者会对涉及社会失责行为的企业产生消极反应（Spicer，1978）。比如，克拉森和麦克劳林（Klassen and McLaughlin，1996）、古普塔和戈尔达（Gupta and Goldar，2005）、科代罗和特瓦里（Cordeiro and Tewari，2015）、阿尔比塔等（Albitar et al.，2023）沈红波、谢越和陈峥嵘（2012）、王遥和李哲媛（2013）以及马海超和周若馨（2017）的研究均表明，企业绿色失责是影响投资者反应的一个重要因素。

假设 2a 和假设 2b 的检验结果表明，企业社会层面失责媒体曝光会促使投资者产生消极反应，而且企业社会层面失责媒体曝光越多，投资者消极反应越强烈。媒体对企业社会层面失责行为的曝光反映了企业对于其员工、社区和客户的态度，从本质上讲，它揭示了一个企业是否具备关心员工、社区以及客户利益的理念和行为。当从媒体曝光中获取企业社会层面的失责的信息时，投资者预期到企业未来可能会支付因损害其员工、社区和客户利益而产生的成本。这种心理预期促使投资者产生消极反应。这一推断印证了以往学者的观点。例如，格罗宁和卡努里（Groening and Kanuri，2016）、欧阳等（Ouyang et al.，2017）、阿耶德和瓦辛（Ayed and Waxin，2023）李培功、醋卫华和肖珉（2011）、刘晓阳（2014）、殷红（2015）的研究均表明，企业社会层面失责媒体曝光是投资者获取企业社会层面失责信息的先决条件，加剧了投资者对社会层面失责信息的分享与交换，从而促使投资者产生消极行为。

假设 3a 和假设 3b 的实证检验结果表明，企业治理失责媒体曝光会促使投资者产生消极反应，企业治理失责媒体曝光越多，投资者消极反应越强烈。企业治理失责损害了部分股东的利益，使得投资者投资意愿降低，影响资本市场的有序发展。由于企业的治理问题直接关系到投资者利益，一旦投资者从媒体处获取企业治理失责的信息，投资者就会产生消极的反应。同样地，本书的研究与以往学者的观点类似，比如，乔等（Joe et al.，2009）、杰加代什和吴（Jegadeesh and Wu，2012）、科尔贝尔等（Kölbel et al.，2017）、徐莉萍和辛宇（2011）、陈红、邓少华和尹树森（2014）、马永远和沈奥（2022）的研究表明，企业治理失责媒体曝光会引发投资者对企业的制裁。

假设 4 的实证结果表明，企业绿色失责媒体曝光与企业治理失责媒体曝光对投资者反应的影响存在显著差异，与企业绿色失责媒体曝光相比，企业治理失责媒体曝光对投资者反应的消极影响较大。这一研究结果印证了以往学者的观点。

比如，格罗宁和卡努里（Groening and Kanuri，2016）、阳建辉（2017）均指出，投资者认为不同维度的企业社会失责对企业未来的现金流存在差异性影响。

综合上述观点，三种维度的企业社会失责媒体曝光均会促使投资者产生消极反应，而且，三个维度企业社会失责媒体曝光程度对投资者消极反应的程度存在着一定的影响。此外，企业绿色失责媒体曝光与企业治理失责媒体曝光对投资者反应的消极影响存在显著差异。本书的研究结论不仅印证了以往学者的真知灼见，而且将散落在众多文献中的观点提炼出来，系统地探讨投资者对不同维度的社会失责媒体曝光的反应以及选择性反应。

6.1.3　对调节效应的讨论

大多数研究将企业声誉当作单一维度的构念进行实证研究，然而将企业声誉看作单一维度的研究得出了许多富有争议的结论。正是在这一情况下，声誉研究领域的代表人物福布伦和尚利（Fombrun and Shanley，1990）倡导将企业声誉展开不同的维度进行研究。本书将企业声誉分为知名度与美誉度维度，提出了假设 5a、假设 5b、假设 5c、假设 6a、假设 6b、假设 6c、假设 7a、假设 7b 以及假设 7c。这些假设分别描述了企业知名度、企业美誉度以及企业知名度与美誉度交互的调节作用。从实证检验结果来看，除了假设 5a 和假设 5b 没有通过实证检验外，上述的假设均得到了统计检验支持。以往的研究倡导从多维度的视角探究企业声誉的作用。本书的研究响应了这一倡导，探究了企业声誉的知名度和美誉度维度在企业社会失责媒体曝光与投资者反应关系中的作用。将企业声誉分为多个维度的研究为阐明企业社会失责媒体曝光情境下企业声誉作用的利弊之谜提供了契机。

假设 5c 的研究结论表明，企业知名度在企业治理失责媒体曝光与投资者反应关系之间起着调节作用，企业知名度越高，企业治理失责媒体曝光对投资者反应的影响越消极。一般来说，企业知名度代表了其在多大范围内被投资者熟知，企业知名度会影响媒体曝光的企业治理失责信息的传播范围，影响投资者对以往积累的企业信息的唤醒，以及影响投资者根据负面信息作出的归因的信息，从而影响企业治理失责媒体曝光与投资者反应之间的关系。这与以往的研究结论一致。比如，普法尔等（Pfarrer et al.，2010）指出，企业积累的知名度会影响投资者对企业行为的反应。魏等（Wei et al.，2017）指出，企业知名度在企业危机情境下是一种负担，会增加投资者的消极反应。

假设 6a、假设 6b 以及假设 6c 的实证检验结果表明，企业美誉度在三种类型企业社会失责媒体曝光与投资者反应关系之间起着调节作用。企业美誉度较高使得投资者怀疑媒体曝光的社会失责信息的可信性，选择性地忽略一些负面信息，而且保持与之前一致的方式搜索、处理和解释信息，从而影响三个维度企业社会失责媒体曝光与投资者反应间的关系。这样的研究结论与以往的研究相呼应。比如，科明斯和富兰克林 - 约翰逊（Comyns and Franklin-Johnson，2016）、马和薛（2023）、欧阳哲（2006）均指出，当企业的环境破坏、不道德以及产品伤害等行为被媒体曝光后，企业的美誉度重塑行为可以减弱这些企业社会失责媒体曝光的负面影响。

假设 7a、假设 7b 以及假设 7c 检验了企业知名度对三个维度企业社会失责媒体曝光与投资者反应之间关系的调节作用受到企业美誉度的影响。实证结果表明，当企业美誉度较低时，随着企业知名度的增加，三个维度企业社会失责媒体曝光对投资者反应的影响越消极。当企业美誉度较高时，随着企业知名度的增加，三个维度企业社会失责媒体曝光对投资者反应的消极影响减弱。这一研究结论印证了魏等（Wei et al.，2017）的观点，他们的研究指出，在企业危机情境下，企业知名度与企业美誉度的交互会对投资者行为的关系发挥一定的作用。

本书的研究结果说明，企业社会失责媒体曝光对投资者的作用会受到企业声誉的影响。戈弗雷等（Godfrey et al.，2009）的研究发现，企业先前积累的良好声誉缓和了投资者对企业的负面判断和制裁。瑞和豪斯柴尔德（Rhee and Haunschild，2006）以美国汽车行业 1975~1999 年的产品召回数据为基础展开实证研究，研究发现，企业声誉会影响企业产品召回与企业绩效之间的关系。欧阳哲（2016）指出，当面临企业危机时，企业声誉在一定的情形下会对企业产生不利的影响。本书的研究结论与这些文献一起支持了企业社会失责媒体曝光与投资者反应之间不仅仅存在主效应关系机制，而是存在着更为复杂的机制。通过将企业声誉划分为知名度与美誉度两个维度，本书的实证结果进一步丰富了企业社会失责媒体曝光背景下企业声誉作用的研究。

6.1.4　对中介效应的讨论

本书提出的假设 8a、假设 8b 以及假设 8c 检验了基于社交媒体的投资者情绪的中介作用。实证结果表明，假设 8a 以及假设 8c 得到了统计检验的支持，而假设 8b 没有获得实证检验的支持。假设 8a 和假设 8c 表明，基于社交媒体的投资者情绪中介了企业绿色失责媒体曝光与投资者反应、企业治理失责与投资者反应的关系。这一研究发现间接地印证以往的某些研究结果。比如，行为经济学的观点认为，情绪可以深刻地影响个体的行为和决策（Bollen et al.，2010）。本书的研究结论延伸了以往的学者的研究结论，他们认为，新闻媒体报道会引发投资者情绪的变化，从而导致公司股票价格偏离基本价值（Chen et al.，2013）。同时，本书的这一研究结果响应了拉马萨和法比奥（Ramassa and Fabio，2016）的倡导，即在研究投资者行为时，学者们需要更多地关注社交媒体这一新要素的作用。

本书提出的研究假设有 3 个没有获得统计检验的支持，这三个假设是 5a、假设 5b 以及假设 8b。假设 5a、假设 5b 和假设 8b 没有得到实证检验的支持一个可能的原因是缺失值的影响。正如前面所述，我们在搜寻企业知名度和基于社交媒体的投资者情绪时，存在一些缺失值。这些缺失值主要集中在企业社会层面失责媒体曝光的样本中，本书采用众数插值方法进行缺失值的填补，这就人为地增加噪声，可能导致统计检验的不显著。但由于这些存在缺失值的样本仅有企业知名度和基于社交媒体的投资者情绪这两个变量存在缺失值，其他的变量均不存在缺失值，因此，没有将样本删除。

6.2 理论贡献

惠藤（Whetten，1989）详细论述了什么构成了论文的理论贡献。惠藤（Whetten，1989）的观点认为，理论贡献并不意味着创造一个新的理论，对现有理论的完善也属于理论贡献的一部分。但是，理论贡献的产生需要满足以下三个方面的条件：（1）对普遍接受的事物之间关系进行解释并不能构成理论贡献。通过引入一个新的变量改变了原有的事物关系，而且学者又能够对这个新引入的变量是如何改变原有关系的进行解释。（2）通过其他领域的视角来研究问题，解释所研究的事物之间的关系。（3）只指出理论的适用界限也不能算作理论贡献。学者需要解释为什么理论适用这种情况而不适用另外一种情况。参考惠藤（1989）的观点，本书具有重要的理论贡献，可以总结为以下四点。

第一，本书拓宽了利益相关者理论、归因理论以及信号传递理论的运用界限。本书通过对企业社会失责媒体曝光有关实践和理论的详细总结，梳理出与企业社会失责媒体曝光紧密相连的研究话题。在此基础上，基于利益相关者理论、社会心理学领域的归因理论以及经济学领域的信号传递理论，本书系统地将企业社会失责媒体曝光、企业声誉、基于社交媒体的投资者情绪以及投资者反应整合到一个理论框架中，详细地分析企业社会失责媒体曝光对投资者反应的作用机制。这不仅有助于全面深入地了解社会失责媒体曝光问题，而且拓展了利益相关者理论、归因理论和信号传递理论的运用界限，为这三个理论在企业社会失责媒体曝光研究中的发展作出贡献。

第二，惠藤（1989）指出，理论贡献的作出需要研究者采用一种新的机制解释自变量对因变量的影响。正如前文所述，以往企业社会失责媒体曝光对投资者反应关系的研究呈现"分散化"的特征，这可能导致企业社会失责媒体曝光与投资者反应关系的研究结论不一致甚至是失之偏颇，而且不利于形成对企业社会失责媒体曝光与投资者反应关系的系统化认识。本书根据以往的研究和 KLD 指数将企业社会失责媒体曝光划分为企业绿色失责媒体曝光、企业社会层面失责媒体曝光与企业治理失责媒体曝光三个维度，并将这三个维度整合在一起，系统地探讨投资者对不同维度社会失责媒体曝光的反应以及选择性反应。因此，本书研究结果有助于进一步完善企业社会失责媒体曝光经济后果的理论框架，拓展企业社会失责媒体曝光与投资者反应关系的研究。

第三，根据惠藤（1989）的观点，探讨某个关系发生作用的边界条件（调节因素）同样对理论具有重要的贡献。以往研究关于企业社会失责媒体曝光背景下企业声誉的作用存在着利弊之争，本书通过将企业声誉分为企业知名度和美誉度两个维度，探讨了企业声誉的知名度和美誉度两个维度对企业社会失责媒体曝光与投资者反应关系的差别影响。本书发现，企业声誉的知名度维度可以调节企业治理失责媒体曝光与投资者反应的关系、美誉度可以调节三个维度企业社会失责媒体曝光与投资者反应的关系。而且，企业知名度对三个维度企业社会失责媒体曝光与投资者反应关系的调节作用受到企业美誉度的影响。然而，需要特别强调的是，企业知名度和企业美誉度调节方向不同。企业知名度会增强企业治理失责媒体曝光对投资者反应的消极影响，企业美誉度会减弱三个维度企业社会失责媒体曝光对投资者反应的消极影响。本书的研究结果不仅有助于阐明企业社会失责媒体曝光背景下企业声誉作用的利弊之争产生的原因，而且通过界定企业社会失责媒体曝光与投资者反应关系发生作用的边界条件，可以解释企业社会失责媒体曝光对投资者反应的不同影响（正向、负向或者不相关）。

第四，本书的实证结果表明，企业绿色失责媒体曝光、企业治理失责媒体曝光会通过基于社交媒体的投资者情绪来影响投资者反应。现有的文献间接地表示企业社会失责媒体曝光与投资者反应之间存在着一种投资者情绪机制。例如，有学者提出，媒体报道会通过投资者情绪来影响投资者反应（Das and Chen，2007；马永远和沈奥，2022）。企业社会失责媒体曝光的现有文献很少关注基于社交媒体的投资者情绪这种新要素。通过对基于社交媒体的投资者情绪的研究进行综述，本书指出，由于社交媒体在我国的应用起步较晚，国内研究者对基于社交媒体的投资者情绪的研究有限。本书将基于社交媒体的投资者情绪引入了企业社会失责媒体曝光与投资者反应的关系中，一方面有助于以打开企业社会失责媒体曝光与投资者反应之间关系的"黑箱"，深入了解企业社会失责媒体曝光对投资者反应的内在影响机制；另一方面有助于丰富社交媒体的研究文献。

6.3 实践意义

第一，三个维度的企业社会失责媒体曝光促使投资者产生消极的反应。且三个维度的企业社会失责媒体曝光越多，投资者反应就越消极。投资者的反应直接影响企业获取权益资本的成本。明确投资者对不同维度企业社会失责媒体曝光的反应，不仅有助于企业了解并重视各个维度的企业社会失责媒体曝光，使其认识到各个维度企业社会失责媒体曝光均会对企业在资本市场上的表现产生不利的影响，而且促使企业认识到当发生企业社会失责媒体曝光时应该注重管理媒体曝光的次数，防止形成严重的负面舆情。

第二，探讨投资者对三个维度企业社会失责媒体曝光的选择性反应为企业针对不同维度的企业社会失责媒体曝光采取不同的战略反应提供具体的操作指导。由于与企业绿色失责媒体曝光相比，以及与企业社会层面失责媒体曝光相比，企业治理失责媒体曝光对投资者反应的消极影响较大，在资本市场上，企业管理者应分配更多的资源来应对企业治理失责媒体曝光问题。

　　第三，作为一种重要的无形资产，企业声誉可以将企业与其竞争对手区分开来，是影响企业经营活动顺利开展以及竞争优势获取的重要因素（Hall，1992；Helm，2007）。本书对于提升企业声誉管理水平，特别是企业媒体曝光背景下的企业声誉管理水平具有现实意义。企业在面临治理失责媒体曝光时，企业知名度对于企业来说是一种负担，放大治理失责媒体曝光这种负面事件的不利影响。然而，在面临三个维度企业社会失责媒体曝光时，企业美誉度具有潜在的抵抗风险的价值，起到保护伞的作用。另外，当企业美誉度较低时，随着企业知名度的提高，三个维度企业社会失责媒体曝光对投资者的消极反应会增强；而当企业美誉度较高时，随着企业知名度的提高，三个维度企业社会失责媒体曝光对投资者的消极反应会减弱。由此，当面临企业社会失责媒体曝光时，企业在对其声誉的塑造和维护过程中必须谨慎处理好企业知名度与美誉度的关系，而且在日常的经营和管理过程中企业需要注重塑造和提升企业美誉度，避免知名度和美誉度错位情况的出现。

　　第四，本书指出，并通过实证检验表明企业绿色失责媒体曝光、企业治理失责媒体会通过基于社交媒体的投资者情绪影响投资者反应。这就建议企业在面临这两个不同维度企业社会失责媒体曝光时应该注重管理基于社交媒体的投资者情绪。当获取企业社会失责媒体曝光的信息后，投资者通过社交平台发布的信息可以反映其情绪，从而能够用来预测其行为。因此，在这两个维度的企业社会失责媒体曝光时，企业应该监测基于社交媒体的投资者情绪，及时地对负面情绪进行回应。

第7章 研究结论与展望

7.1 主要研究结论

随着经济全球化的不断深入，市场竞争日益激烈，以及经济转型加速升级，我国国内的市场运行机制仍不完善，在逐利的过程中企业社会失责行为频发（马永远和沈奥，2022）。鉴于此，本书以利益相关者理论、信号传递理论与归因理论为理论基石，构建了企业社会失责媒体曝光与投资者反应关系的理论模型。本书以 2011~2020 年涉及三种类型企业社会失责媒体曝光的中国沪深 A 股上市公司为样本，采用收集到的 398 个真实发生的企业社会失责媒体曝光的事件，运用事件研究法、层级回归分析法以及 Bootstrap 中介效应检验法对本书的理论模型和假设进行了实证检验。在理论分析和实证检验的基础上，本书得出了如下四个方面的研究结论。

7.1.1 企业绿色失责媒体曝光、社会层面失责媒体曝光与治理失责媒体曝光均会影响投资者反应

姜丽群（2016）在对企业社会失责进行综述的基础上，主张企业社会失责这一问题应该给予更多的研究关注。在这一倡导的基础上，加上媒体是企业社会失责曝光的重要渠道，本书探讨了企业社会失责媒体曝光有关的问题。企业社会失责媒体曝光是一个多维度的构念，其包含企业绿色失责媒体曝光、社会层面失责媒体曝光以及治理失责媒体曝光三个维度。本书将这三个维度整合在一起进行研究，从而形成对企业社会失责媒体曝光的投资者反应更为系统的认识。通过采用事件研究法，对三个维度企业社会失责媒体曝光的投资者反应

进行假设检验，实证结果表明，这三个维度的企业社会失责媒体曝光均会触发投资者产生消极行为反应。波洛克和林多瓦（Pollock and Rindova，2003）指出，通过对某些话题进行报道，媒体可以影响投资者对企业行为的感知。当投资者从媒体的曝光中获取不同维度的企业社会失责信息，投资者根据社会失责的信息判断企业未来可能会因为社会失责支付相应的成本，对涉事企业的投资前景丧失信心，从而产生卖出公司股票的行为反应。

以往的研究表明，媒体对负面信息报道越频繁，投资者反应越消极（Ahmad et al.，2016；Ferguson et al.，2015）。本书的实证结果同样表明，三个维度企业社会失责媒体曝光越多，投资者反应越消极。根据媒体议程设置理论，通过对某一事件的报道，媒体可以引发社会公众对这一事件的关注。媒体对企业社会失责信息曝光越频繁，投资者对企业社会失责的关注度提高，而且投资者获取的负面信息将增多，从而产生更为消极的行为反应。

7.1.2　不同维度的企业社会失责媒体曝光对投资者反应具有不同影响

尽管企业社会失责媒体曝光的三个维度均会影响投资者反应，然而，本书的研究结果表明，与企业绿色失责媒体曝光相比，以及与企业社会层面失责媒体曝光相比，企业治理失责媒体曝光对投资者反应的消极影响较大。投资者对不同维度企业社会失责媒体曝光可能存在选择性反应这一问题在现有文献中有所提及但很少被实证验证，本书的研究结论为投资者选择性反应提供了实证证据，是对投资者对企业社会失责媒体曝光反应相关研究的重要补充。

7.1.3　企业声誉的不同维度对企业社会失责媒体曝光与投资者反应之间的关系具有不同的调节作用

企业绿色失责媒体曝光与投资者反应之间的关系受到企业声誉的知名度维度的影响。三个维度企业社会失责媒体曝光对投资者反应的作用受到企业声誉的美誉度的影响。众多学者倡导将企业声誉分为不同的维度展开探讨，然而，实际的研究中对这一倡导没有给予充分的研究关注，这就导致了企业社会失责媒体曝光情境下企业声誉作用的利弊之争愈演愈烈。本书认为，将企业声誉分为知名度和美誉度两个维度为阐明在企业社会失责媒体曝光情境下企业声誉作用的两面性提供了契机。本书的实证结果表明，企业知名度增强了企业绿色失责媒体曝光对投资者反应的消极影响。这就意味着对于企业声誉的知名度维度而言，在企业绿色失责媒体曝光的背景下，企业知名度是一种"负担"。而对于企业声誉的美誉度维度而言，本书的实证结果表明，企业美誉度减弱了三个维度企业社会失责媒体曝光对投资者反应的消极作用。即在企业三种类型的企业社会失责媒体曝光的背景下，企业美誉度可以成为一种"保护伞"。

此外，本书的实证结果表明，当企业美誉度较低时，随着企业知名度的提高，三个维度企业社会失责媒体曝光对投资者的消极反应会增强；而当企业美誉度较高时，随着企业知名度的提高，三个维度企业社会失责媒体曝光对投资者的消极反应会减弱。企业声誉在危机情境中的作用得到广泛关注，本书的研究结论不仅有助于阐明在三个维度企业社会失责媒体曝光情境下企业声誉作用研究结论的争端，而且丰富了当前关于企业声誉管理的研究。

7.1.4　基于社交媒体的投资者情绪的中介作用

本书的实证结果表明，基于社交媒体的投资者情绪在企业绿色失责媒体曝光与投资者反应关系以及企业治理失责媒体曝光与投资者反应关系中扮演着中介角色。如前所述，随着社交媒体逐渐深入人们生活的方方面面，投资者会在社交媒体平台上搜寻和交换企业股票的信息。企业社会失责媒体曝光与基于社交媒体的投资者情绪紧密相连，而且基于社交媒体的投资者情绪影响投资者反应。当投资者获取企业绿色失责和治理失责的信息时，其会在社交媒体上表达自己的情绪。通过对基于社交媒体的投资者情绪进行分析，企业可以预测投资者反应。

总体而言，本书达到预期的研究目标。通过对各个假设的实证检验结论进行深入讨论，发现本书的研究并非仅仅是重复以往研究的观点，而是提出了一些新的观点，在一定程度上解释以往研究中相互矛盾的研究结论。在接下来的一节，我们将对本书的创新之处进行总结。

7.2　本书的创新点

在对现有的研究进行综述的基础上，本书提出了企业社会失责媒体曝光与投资者反应的关系是一个"黑箱"问题。基于这一个"黑箱"问题，我们建立了本书的概念模型，提出了相应的理论假设，实证检验整体上支持了我们的假设。至此，我们能够更深入地了解企业社会失责媒体曝光对投资者反应的作用机制。总结起来，与现有的企业社会失责媒体曝光对投资者反应的作用研究比较，本书的创新点主要有以下四个方面。

第一，与以往大多数研究仅仅探讨企业社会失责媒体曝光与投资者反应间直接的关系不同，本书提出了打开企业社会失责媒体曝光与投资者反应关系的"黑箱"，以及深入理解企业社会失责媒体曝光对投资者反应作用机制的一个可行思路。企业社会失责媒体曝光是一个十分重要而又现实的研究问题，就其对投资者反应影响的内在机制这一问题，现有研究并未给出一个确定的答案。这就意味着企业社会失责媒体曝光对投资者反应的作用仍是一个"黑箱"问题。"黑箱"问题的存在要求我们需要对理论研究进行详细分析，找出"黑箱"问题存在的原因并提出解决的办法。本书通过对以往文献的综述和整合，从一个全新的视角，找出了打开"黑箱"的三大线索。并采用利益相关者理论、归因理论和信号传递理论来解释为什么这三大线索有助于打开本书所提的"黑箱"。一方面弥补了当前研究中缺乏"黑箱"问题解决思路的缺陷，拓宽了三大理论的运用界限；另一方面为面临企业社会失责媒体曝光的企业提供了具体的操作指导，具有重要的理论贡献和实践意义。

第二，正如在文献综述部分所言，企业社会失责媒体曝光涵盖企业绿色失责媒体曝光、企业社会层面失责媒体曝光以及企业治理失责媒体曝光三个不同的维度。关于企业社会失责媒体曝光的现有文献呈现分散化的特征，即探究单个维度企业社会失责媒体曝光对投资者反应的影响。本书将三个维度的企业社会失责媒体曝光系统化地整合在一起，研究了各个维度企业社会失责媒体曝光对投资者反应的影响以及影响的差别。研究结果不仅有助于厘清企业社会失责媒体曝光对投资者反应的作用机制，而且明确了各个维度企业社会失责媒体曝光对投资者行为影响的差异。

第三，通过文献梳理，在企业社会失责媒体曝光情境下，企业声誉的作用存在着利弊之争。本书指出，导致这一争论的可能原因之一是在研究企业声誉对企业社会失责媒体曝光与投资者反应关系的影响，以往的许多学者将企业声誉当作一个整体，并将企业声誉等同于企业美誉度，得出了许多不一致的研究结论（Wei et al.，2017）。虽然众多研究者号召将声誉分为不同的维度进行实证研究，然而，实际的研究一直没有很好地响应这一号召。本书将企业声誉区分为知名度和美誉度两个维度，详细探究了企业知名度和企业美誉度对三个维度企业社会失责媒体曝光与投资者反应间关系的影响。本书的研究结论不仅扩展了以往研究由于忽视企业声誉具有不同维度特征而得出片面甚至是对立的结论，而且为上市公司，特别是为面临企业社会失责媒体曝光的上市公司的企业声誉管理提供了指导。

第四，现有研究对基于社交媒体的投资者情绪的关注比较有限，而且主要探讨基于社交媒体的投资者情绪作为自变量的情况（Renault，2017）。通过理论分析，当面对企业社会失责媒体曝光时，投资者通过社交平台发布的用户生成内容可以反映其情绪信息，从而可以用来预测其反应。通过实证检验，我们发现，基于社交媒体的投资者情绪在企业绿色失责媒体曝光与投资者反应关系以及在企业治理失责媒体曝光与投资者反应关系中扮演着中介角色。本书这个新颖的研究结论不仅在理论上扩展基于社交媒体投资者情绪的文献，而且在实践上提示企业应该注重监测社交媒体平台上投资者情绪的表达。

7.3　研究局限与展望

从前面的分析可以看出，本书的研究目标基本得到实现，而且研究具有创新性。然而，与众多研究类似，本书的研究在理论和实证方面均存在着局限性，而这些局限转而又为将来的研究提供了一定的契机。

7.3.1　本书研究理论方面的局限性与展望

首先，企业的利益相关群体具有多样化的特征，不同类型的利益相关群体对企业行为的期望不同（Pirson and Malhotra，2010）。因此，不同类型利益相关群体对企业社会失责媒体曝光的反应可能存在着差别。本书仅仅考虑投资者反应，并没有将其他的利益相关者考虑进行。未来研究可以对企业社会失责媒体曝光情境下其他类型的利益相关者的行为反应进行分析，以便更为准确地把握利益相关者对企业社会失责媒体曝光的反应。

其次，值得注意的是，其他理论包括资源基础理论、信息不对称理论等均可用以分析企业社会失责媒体曝光与投资者反应的关系这一问题。未来研究可以考虑采用这类理论对企业社会失责媒体曝光的有关问题进行分析，从而为企业社会失责媒体曝光研究提供更多新的研究视角。

最后，本书试图打开企业社会失责媒体曝光与投资者反应关系的"黑箱"，基于利益相关者理论、归因理论和信号传递理论，提出了打开"黑箱"的三大线索。然而，本书无法检验"黑箱"中所有可能的中介和调节路径。未来的研究可以探寻在企业社会失责媒体曝光与投资者反应关系之间发挥作用的其他变量。

7.3.2　本书研究实证方面的局限性与展望

除了上面提到的理论局限，我们的研究在实证上也存在一定的局限性。

首先，梳理已有研究文献可以发现，如何准确地度量企业绿色失责媒体曝光、企业社会层面失责媒体曝光和企业治理失责媒体曝光是相关研究领域争论的焦点问题，目前尚未形成一套普遍认可的评价体系。即现有研究还没有形成规范统一的度量标准。本书采用的财经报纸对三个维度企业社会失责的报道数量的度量方法可能存在偏颇。未来的研究可以对相关度量方法进行改善。

其次，本书的数据具有一定的主观性。三种类型的企业社会失责媒体曝光的数据来源于人工收集，虽然我们按照以往研究的方法进行收集，但是主观性很难避免。未来的研究可以考虑用数据挖掘软件来抓取企业社会失责媒体曝光的数据，选择更多的数据来源渠道。

最后，本书的数据收集工作量较大，选取的研究年份是 2011～2015 年，获取了 221 个企业社会失责媒体曝光的事件。由于以客观发生的事件为样本，本书的样本量虽然满足了回归分析所需的样本量，但是样本量不大。未来的研究可以增加研究的年份，搜寻更多的样本，并结合其他的研究方法进行研究。

参 考 文 献

1. 宝贡敏, 徐碧祥. 国外企业声誉理论研究述评 [J]. 科研管理, 2007, 28 (3): 98 - 107.

2. 才国伟, 邵志浩, 徐信忠. 企业和媒体存在合谋行为吗?——来自中国上市公司媒体报道的间接证据 [J]. 管理世界, 2015 (7): 158 - 169.

3. 曹博林. 社交媒体: 概念、发展历程、特征与未来——兼谈当下对社交媒体认识的模糊之处 [J]. 湖南广播电视大学学报, 2011 (3): 65 - 69.

4. 陈红, 邓少华, 尹树森. "大数据" 时代背景下媒体的公司治理机制研究——基于信息透明度的实证检验 [J]. 财贸经济, 2014, 35 (7): 72 - 81.

5. 陈宏辉, 贾生华. 企业利益相关者三维分类的实证分析 [J]. 经济研究, 2004 (4): 80 - 90.

6. 程琬芸, 林杰. 社交媒体的投资者涨跌情绪与证券市场指数 [J]. 管理科学, 2013, 26 (5): 111 - 119.

7. 醋卫华, 李培功. 媒体监督公司治理的实证研究 [J]. 南开管理评论, 2012, 15 (1): 33 - 42.

8. 邓翔. 负面舆情、股价异动与舆情应对措施—以中国 A 股市场食品医药类上市公司为例 [J]. 统计与信息论坛, 2015, 30 (11): 78 - 83.

9. 方世建, 郑南磊. 技术交易中的逆向选择问题研究 [J]. 研究与发展管理, 2001, 13 (6): 55 - 60.

10. 宫晓莉, 徐小惠, 熊熊. 媒体情绪与企业风险承担——基于机器学习和文本分析的证据 [J/OL]. 系统工程理论与实践, 2024: 1 - 28.

11. 韩大平. 食品安全危机信息在社交媒体中的传播研究 [D]. 北京: 北京邮电大学, 2015.

12. 何勇, 陈湛匀. 理性与非理性: 投资者行为偏差分析 [J]. 金融理论探索，2005（1）：34－35.

13. 贺建刚，魏明海，刘峰. 利益输送、媒体监督与公司治理：五粮液案例研究［J］. 管理世界，2008（10）：141－150.

14. 胡志浩，刘倩. 异质性主体下市场波动异象的行为金融学解释——基于计算金融的方法［J］. 经济学动态，2022（7）：90－108.

15. 黄宏斌，刘树海，赵富强. 媒体情绪能够影响投资者情绪吗——基于新兴市场门槛效应的研究［J］. 山西财经大学学报，2017（12）：29－44.

16. 黄辉. 媒体负面报道、市场反应与企业绩效［J］. 中国软科学，2013（8）：104－116.

17. 黄俊，郭照蕊. 新闻媒体报道与资本市场定价效率——基于股价同步性的分析［J］. 管理世界，2014（5）：121－130.

18. 黄亮华. 企业声誉和财务绩效关系研究［D］. 杭州：浙江大学，2005.

19. 姜丽群. 国外企业社会责任缺失研究述评［J］. 外国经济与管理，2014，36（2）：13－23.

20. 姜丽群. 企业社会失责行为的动因、影响及其治理研究［J］. 管理世界，2016，270（3）：174－175.

21. 蒋文. 媒体监督公司治理的作用研究［D］. 南京：南京财经大学，2016.

22. 金德环，李岩. 投资者互动与股票收益——来自社交媒体的经验证据［J］. 金融论坛，2017（5）：72－80.

23. 凯尔森，沈宗灵. 法与国家的一般理论［M］. 北京：商务印书馆，2013.

24. 孔东民，刘莎莎，应千伟. 公司行为中的媒体角色：激浊扬清还是推波助澜？［J］. 管理世界，2013（7）：145－162.

25. 李海芹，张子刚. CSR 对企业声誉及顾客忠诚影响的实证研究［J］. 南开管理评论，2010，13（1）：90－98.

26. 李建莹，刘维奇，原东良. 企业社会责任与股价极端波动风险——基于企业参与贫困治理视角的研究［J/OL］. 中国管理科学，1－16［2024－08－26］. https：//doi. org/10. 16381/j. cnki. issn1003－207x. 2021. 2626.

27. 李君艳，田高良，司毅. 信息传播、媒体关注对上市公司利益相关者的影响——基于多变量多因素耦合的实证分析［J］. 经济管理，2017（7）：85－103.

28. 李明，叶勇. 媒体负面报道对控股股东掏空行为影响的实证研究［J］.

管理评论，2016，28（1）：73-82.

29. 李培功，醋卫华，肖珉. 资本市场对缺陷产品的惩戒效应——基于我国汽车行业召回事件的研究［J］. 经济管理，2011（4）：127-133.

30. 李培功，沈艺峰. 媒体的公司治理作用：中国的经验证据［J］. 经济研究，2010（4）：14-27.

31. 李培功，沈艺峰. 社会规范、资本市场与环境治理：基于机构投资者视角的经验证据［J］. 世界经济，2011（6）：126-146.

32. 李培功，徐淑美. 媒体的公司治理作用——共识与分歧［J］. 金融研究，2013（4）：196-206.

33. 李伟. 基于资本治理理论的企业所有权安排——股东至上理论与利益相关者理论的逻辑统一［J］. 中国工业经济，2005（8）：122-128.

34. 李晓周，丁志国. 基于认知偏差的非理性决策行为解析［J］. 当代经济研究，2010（6）：59-62.

35. 李焰，王琳. 媒体监督、声誉共同体与投资者保护［J］. 管理世界，2013（11）：130-143.

36. 梁红玉，姚益龙，宁吉安. 媒体监督、公司治理与代理成本［J］. 财经研究，2012（7）：91-101.

37. 梁上坤. 媒体关注、信息环境与公司费用粘性［J］. 中国工业经济，2017（2）：154-173.

38. 林振兴. 网络讨论、投资者情绪与IPO抑价［J］. 山西财经大学学报，2011，33（2）：23-29.

39. 刘非菲. 基于财务视角的企业社会责任缺失经济后果研究［D］. 大连：东北财经大学，2015.

40. 刘刚，唐寅，殷建瓴. 分析师关注度视角下企业社会责任对绩效的影响机理：基于机器学习与文本分析的研究［J］. 中国软科学，2024（2）：156-166.

41. 鲁晓玮，岑杰，肖瑶，等. "赠人玫瑰，手有余香"：经济-社会双系统视角下利益相关者关系对企业社会目标导向的影响研究［J］. 管理评论，2024，36（6）：198-211.

42. 刘晓阳. 企业生产安全事故信息曝光的市场反应研究［D］. 杭州：杭州电子科技大学，2014.

43. 刘彧彧，娄卓，刘军. 企业声誉的影响因素及其对消费者口碑传播行

为的作用 [J]. 管理学报, 2009, 6 (3): 348 - 353.

44. 卢代富. 企业社会责任的经济学与法学分析 [M]. 北京: 法律出版社, 2002.

45. 逯东, 付鹏, 杨丹. 媒体类型、媒体关注与上市公司内部控制质量 [J]. 会计研究, 2015 (4): 78 - 85.

46. 马永远, 沈奥. 企业社会失责媒体曝光与投资者选择性反应 [J]. 管理科学, 2022, 35 (2): 60 - 71.

47. 马海超, 周若馨. 环境事件市场反应的实证研究——以燃煤发电上市企业为例 [J]. 山西财经大学学报, 2017, 39 (9): 1 - 15.

48. 缪荣, 茅宁. 公司声誉概念的三个维度——基于企业利益相关者价值网络的分析 [J]. 经济管理, 2005 (11): 6 - 11.

49. 欧阳哲. 危机情境下企业声誉对利益相关者行为反应的影响研究 [D]. 合肥: 中国科学技术大学, 2016.

50. 彭红枫, 米雁翔. 信息不对称、信号质量与股权众筹融资绩效 [J]. 财贸经济, 2017, 38 (5): 80 - 95.

51. 齐丽云, 李腾飞, 郭亚楠. 企业社会责任对企业声誉影响的实证研究——基于战略选择的调节作用 [J]. 科研管理, 2017, 38 (7): 117 - 127.

52. 乔智, 耿志民. 股吧对个人投资者情绪的影响研究 [J]. 金融理论与实践, 2013 (11): 77 - 81.

53. 权小锋, 尹洪英, 吴红军. 媒体报道对 IPO 股价表现的非对称影响研究——来自创业板上市公司的经验证据 [J]. 会计研究, 2015 (6): 56 - 63.

54. 饶育蕾, 王攀. 媒体关注度对新股表现的影响——来自中国股票市场的证据 [J]. 财务与金融, 2010 (3): 1 - 7.

55. 沈红波, 谢越, 陈峥嵘. 企业的环境保护、社会责任及其市场效应——基于紫金矿业环境污染事件的案例研究 [J]. 中国工业经济, 2012 (1): 141 - 151.

56. 田丽, 胡璇. 社会化媒体概念的起源与发展 [J]. 新闻与写作, 2013 (9): 27 - 29.

57. 万燕鸣, 李军林. 股权结构对企业声誉的影响——基于系统广义矩估计的动态面板数据分析 [J]. 经济管理, 2011 (7): 31 - 38.

58. 汪昌云, 武佳薇. 媒体语气、投资者情绪与 IPO 定价 [J]. 金融研究，2015（9）：174－189.

59. 王建明，贺爱忠. 消费者低碳消费行为的心理归因和政策干预路径：一个基于扎根理论的探索性研究［J］. 南开管理评论，2011，14（4）：80－89.

60. 王遥，李哲媛. 我国股票市场的绿色有效性——基于2003—2012年环境事件市场反应的实证分析［J］. 财贸经济，2013（2）：37－48.

61. 王瑜. 基于社会化媒体平台的品牌传播策略研究——以"聚美优品"为例［D］. 郑州：郑州大学，2015.

62. 温忠麟，刘红云，侯杰泰. 调节效应和中介效应分析［M］. 北京：教育科学出版社，2012.

63. 肖海莲，胡挺. 大股东侵占、公司声誉与公司绩效——基于中国上市公司的经验证据［J］. 财贸研究，2007，18（6）：108－114.

64. 肖红军，张俊生，曾亚敏. 资本市场对公司社会责任事件的惩戒效应——基于富士康公司员工自杀事件的研究［J］. 中国工业经济，2010（8）：118－128.

65. 肖作平. 公司治理和公司融资政策研究——来自中国上市公司的经验证据［J］. 管理工程学报，2007，21（3）：60－66.

66. 谢起慧，褚建勋. 基于社交媒体的公众参与政府危机传播研究——中美案例比较视角［J］. 中国软科学，2016（3）：130－140.

67. 熊艳，李常青，魏志华. 媒体"轰动效应"：传导机制、经济后果与声誉惩戒——基于"霸王事件"的案例研究［J］. 管理世界，2011（10）：125－140.

68. 徐莉萍，辛宇. 媒体治理与中小投资者保护［J］. 南开管理评论，2011，14（6）：36－47.

69. 阳建辉. 企业失责行为的财务效应分析［D］. 武汉：华中科技大学，2015.

70. 杨德明，令媛媛. 媒体为什么会报道上市公司丑闻？［J］. 证券市场导报，2011（10）：17－23.

71. 杨德明，赵璨. 媒体监督、媒体治理与高管薪酬［J］. 经济研究，2012（6）：116－126.

72. 杨继生，阳建辉. 行政垄断、政治庇佑与国有企业的超额成本［J］. 经济研究，2015（4）：50－61.

73. 姚益龙，梁红玉，宁吉安. 媒体监督影响企业绩效机制研究——来自中国快速消费品行业的经验证据［J］. 中国工业经济，2011（9）：151－160.

74. 易志高，茅宁. 中国股市投资者情绪测量研究：CICSI 的构建［J］. 金融研究，2009（11）：174 – 184.

75. 殷红. 媒体监督、媒体治理与企业社会责任—伊利股份产品质量问题案例分析［J］. 财会通讯，2015（19）：12 – 15.

76. 游家兴，罗胜强. 政府行为、股权安排与公司治理的有效性——基于盈余质量视角的研究［J］. 南开管理评论，2008，11（6）：66 – 73.

77. 余鹏翼，陈新，陈文婷. 投行关系、声誉与并购绩效——基于关系契约的视角［J］. 管理评论，2022，34（12）：251 – 263.

78. 于忠泊，田高良，齐保垒. 媒体关注的公司治理机制——基于盈余管理视角的考察［J］. 管理世界，2011（9）：127 – 140.

79. 俞欣，郑颖，张鹏. 上市公司丑闻的溢出效应——基于五粮液公司的案例研究［J］. 山西财经大学学报，2011（3）：80 – 87.

80. 张爱卿. 归因理论研究的新进展［J］. 教育研究与实验，2003（1）：38 – 41.

81. 张洪波，李健. 企业社会责任与利益相关者理论：基于整合视角的研究［J］. 科学学与科学技术管理，2007，28（3）：146 – 150.

82. 张宁，刘春林，卢俊义. 投资者对市场传闻反应的影响因素分析——传闻准确性与媒体权威性的作用［J］. 财贸研究，2011，22（4）：102 – 110.

83. 张书煜，王瑶，范婷婷. 基于社交媒体的投资者情绪对股市收益影响的大数据分析［J］. 中国市场，2015（25）：65 – 68.

84. 张婷婷，李延喜，曾伟强. 媒体关注下上市公司盈余管理行为的差异研究———一种治理盈余管理的新途径［J］. 管理评论，2018（2）：25 – 41.

85. 张信东，原东良. 基于微博的投资者情绪对股票市场影响研究［J］. 情报杂志，2017，36（8）：81 – 87.

86. 张雅慧，万迪昉，付雷鸣. 股票收益的媒体效应：风险补偿还是过度关注弱势［J］. 金融研究，2011（8）：143 – 156.

87. 张英杰，万燕鸣. 董事会、企业声誉与绩效——基于（Asia 200）中国区入选企业的数据证据［J］. 当代经济研究，2014（4）：66 – 72.

88. 张峥，徐信忠. 行为金融学研究综述［J］. 管理世界，2006（9）：155 – 167.

89. 郑涛. 媒体报道与资本市场发展［D］. 成都：西南财经大学，2010.

90. 郑秀杰，杨淑娥. 中国上市公司声誉对公司财务绩效的影响研究 [J]. 管理评论，2009，21 (7)：96－104.

91. 郑志刚，丁冬，汪昌云. 媒体的负面报道、经理人声誉与企业业绩改善——来自我国上市公司的证据 [J]. 金融研究，2011 (12)：163－176.

92. 周冬华，魏灵慧. 媒体报道、环境不确定性与股价同步性 [J]. 财务研究，2017 (3)：54－64.

93. 周开国，杨海生，伍颖华. 食品安全监督机制研究——媒体、资本市场与政府协同治理 [J]. 经济研究，2016 (9)：58－72.

94. 邹静，童中文. 媒体报道、投资者情绪与银行风险承担——基于中国上市银行的实证研究 [J]. 金融理论与实践，2015 (2)：32－38.

95. Aboody D, Lev B. Information asymmetry, Rand D, and insider gains [J]. Journal of Finance, 2010, 55 (6)：2747－2766.

96. Agnihotri R, Dingus R, Hu MY, et al. Social media：Influencing customer satisfaction in B2B sales [J]. Industrial Marketing Management, 2016 (53)：172－180.

97. Ahmad R. Analysis of media bias—Glenn Beck TV shows：A content analysis [J]. Journal of Creative Communications, 2022, 17 (1)：67－87.

98. Ahmad K, Han JG, Hutson E, et al. Media-expressed negative tone and firm-level stock returns [J]. Journal of Corporate Finance, 2016 (37)：152－172.

99. Aiken LS, West SG. Multiple regression：Testing and interpreting interactions. Newbury Park：Sage Publication, Newbury Park, CA：1991. 10－12.

100. Albitar K, Liu S, Hussainey K, et al. Do investors care about corporate environmental responsibility engagement? [J]. International Journal of Business Governance and Ethics, 2023, 17 (4)：393－415.

101. Ansoff HI. Corporate strategy：An analytic approach to business policy for growth and expansion [M]. Corporate strategy：an analytic approach to business policy for growth and expansion. Penguin Books, 1965.

102. Antonetti P, Maklan S. Social identification and corporate irresponsibility：A model of stakeholder punitive intentions [J]. British Journal of Management, 2016, 27 (3)：583－605.

103. Antweiler W, Frank MZ. Is all that talk just noise? The information con-

tent of internet stock message boards [J]. Journal of Finance, 2004, 59 (3): 1259 – 1294.

104. Ariño A, Ragozzino R, Reuer JJ. Alliance dynamics for entrepreneurial firms [J]. Journal of Management Studies, 2008, 45 (1): 147 – 168.

105. Armstrong JS, Green KC. Effects of corporate social responsibility and irresponsibility policies [J]. Journal of Business Research, 2013, 66 (10): 1922 – 1927.

106. Armstrong JS. Social irresponsibility in management [J]. Journal of Business Research, 1977, 5 (3): 185 – 213.

107. Baker M, Wurgler J. Investor sentiment in the stock market [J]. Journal of Economic Perspectives, 2007, 21 (2): 129 – 151.

108. Balcilar M, Bonato M, Demirer R, et al. The effect of investor sentiment on gold market return dynamics: Evidence from a nonparametric causality-in-quantiles approach [J]. Resources Policy, 2017 (51): 77 – 84.

109. Barka Z, Hamza T, Mrad S. Corporate ESG scores and equity market misvaluation: Toward ethical investor behavior [J]. Economic Modelling. 2023, 127: 106467.

110. Barnett ML, Jermier JM, Lafferty BA. Corporate reputation: The definitional landscape [J]. Corporate reputation review, 2006, 9 (1): 26 – 38.

111. Bear S, Rahman N, Post C. The impact of board diversity and gender composition on corporate social responsibility and firm reputation [J]. Journal of Business Ethics, 2010, 97 (2): 207 – 221.

112. Becker GS. Investment in human capital: A theoretical analysis [J]. Journal of political economy, 1962, 70 (5, Part 2): 9 – 49.

113. Bednar MK, Boivie S, Prince NR. Burr under the saddle: How media coverage influences strategic change [J]. Organization Science, 2013, 24 (3): 910 – 925.

114. Bednar MK. Watchdog or lapdog? A behavioral view of the media as a corporate governance mechanism [J]. Academy of Management Journal, 2012, 55 (1): 131 – 150.

115. Berry TD, Howe KM. Public information arrival [J]. Journal of Finance, 1994, 49 (4): 1331 – 1346.

116. Bhattacharya N, Desai H, Venkataraman K. Does earnings quality affect information asymmetry? Evidence from trading costs [J]. Contemporary Accounting Research, 2013, 30 (2): 482 – 516.

117. Bissoondoyal-Bheenick E, Brooks R, Do HX. ESG and firm performance: The role of size and media channels [J]. Economic Modelling, 2023, 121: 106203.

118. Black EL, Carnes TA, Richardson VJ. The market valuation of corporate reputation [J]. Corporate Reputation Review, 2000, 3 (1): 31 – 42.

119. Bollen J, Mao H, Zeng X. Twitter mood predicts the stock market [J]. Journal of Computational Science, 2011, 2 (1): 1 – 8.

120. Booker A, Curtis A, Richardson VJ. Investor disagreement, disclosure processing costs, and trading volume evidence from social media [J]. The Accounting Review, 2023, 98 (1): 109 – 137.

121. Bowman EH, Haire M. A strategic posture toward corporate social responsibility [J]. California Management Review, 1975, 18 (2): 49 – 58.

122. Brammer S, Millington A, Pavelin S. Corporate reputation and women on the board [J]. British Journal of Management, 2010, 20 (1): 17 – 29.

123. Brammer S, Pavelin S. Corporate community contributions in the United Kingdom and the United States [J]. Journal of Business Ethics, 2005, 56 (1): 15 – 26.

124. Brammer SJ, Pavelin S. Corporate reputation and social performance: The importance of fit [J]. Journal of Management Studies, 2006, 43 (3): 435 – 455.

125. Brenner SN. The stakeholder theory of the firm and organizational decision making: Some propositions and a model [J]. 1993 (4): 405 – 416.

126. Bundy J, Pfarrer MD. A burden of responsibility: The role of social approval at the onset of a crisis [J]. Academy of Management Review, 2015, 40 (3): 345 – 369.

127. Caballé J, Santos MS. On endogenous growth with physical and human capital [J]. Journal of Political Economy, 1993, 101 (6): 1042 – 1067.

128. Carmeli A, Tishler A. The Relationships between intangible organizational elements and organizational performance [J]. Strategic Management Journal, 2004, 25 (13): 1257 – 1278.

129. Carroll AB. Corporate social responsibility evolution of a definitional construct [J]. Business and Society, 1999, 38 (3): 268 – 295.

130. Carroll RJ, Primo DM, Richter BK. Using item response theory to improve measurement in strategic management research: An application to corporate social responsibility [J]. Strategic Management Journal, 2016, 37 (1): 66 – 85.

131. Castellani V, Muller KA, Park KJ. Investor reaction to SPAC's voluntary disclosures [J]. The Accounting Review, 2024, 99 (1): 105 – 137.

132. Castka P, Corbett CJ. Governance of eco-labels: Expert opinion and media coverage [J]. Journal of Business Ethics, 2016, 135 (2): 309 – 326.

133. Chen CM, Delmas M. Measuring corporate social performance: An efficiency perspective [J]. Production and Operations Management, 2011, 20 (6): 789 – 804.

134. Chen CW, Pantzalis C, Park JC. Press coverage and stock price deviation from fundamental value [J]. Journal of Financial Research, 2013, 36 (2): 175 – 214.

135. Chen H, De P, Hu Y, et al. Sentiment revealed in social media and its effect on the stock market [C] in Statistical Signal Processing Workshop (SSP), 2011 IEEE, 2011, 25 – 28.

136. Chen JC, Cho CH, Patten DM. Initiating disclosure of environmental liability information: An empirical analysis of firm choice [J]. Journal of Business Ethics, 2014, 125 (4): 681 – 692.

137. Cheng H, Shen Y, Bian W. Evaluating the effectiveness of China's financial reform——The efficiency of China's domestic banks [J]. China Economic Review, 2015, 35 (4): 70 – 82.

138. Chiu SC, Sharfman M. Corporate social irresponsibility and executive succession: An empirical examination [J]. Journal of Business Ethics, 2016, 1 – 17.

139. Cho SY, Lee C, Pfeiffer Jr RJ. Corporate social responsibility performance and information asymmetry [J]. Journal of Accounting and Public Policy, 2013, 32 (1): 71 – 83.

140. Choi J, Wang H. Stakeholder relations and the persistence of corporate financial performance [J]. Strategic Management Journal, 2010, 30 (8): 895 – 907.

141. Chung SY, Eneroth K, Schneeweis T. Corporate reputation and investment performance: The UK and US experience [J]. Ssrn Electronic Journal, 1999, 17.

142. Cleary S. The Relationship between firm investment and financial status [J]. Journal of Finance, 1999, 54 (2): 673 – 692.

143. Cohen J, Ding Y, Lesage C, et al. Media bias and the persistence of the expectation gap: An analysis of press articles on corporate fraud [J]. Journal of Business Ethics, 2015, 987 (1): 1 – 23.

144. Comyns B, Franklin-Johnson E. Corporate reputation and collective crises: A theoretical development using the case of Rana Plaza [J]. Journal of Business Ethics, 2016, l of b: 1 – 25.

145. Coombs WT, Holladay SJ. Unpacking the halo effect: reputation and crisis management [J]. Journal of Communication Management, 2006, 10 (2): 123 – 137.

146. Coombs WT. Attribution theory as a guide for post-crisis communication research [J]. Public Relations Review, 2007, 33 (2): 135 – 139.

147. Coombs WT. Dejoy DM. Managing safety in the workplace: An attribution theory analysis and model [J]. Journal of Safety Research, 1994, 25 (1): 3 – 17.

148. Coombs WT. Protecting organization reputations during a crisis: The development and application of situational crisis communication theory [J]. Corporate Reputation Review, 2007, 10 (3): 163 – 176.

149. Cordeiro JJ, Tewari M. Firm characteristics, industry context, and investor reactions to environmental CSR: A stakeholder theory approach [J]. Journal of Business Ethics, 2015, 130 (4): 833 – 849.

150. Cravens KS, Oliver EG. Employees: The key link to corporate reputation management [J]. Business Horizons, 2006, 49 (4): 293 – 302.

151. Dai L, Parwada JT, Zhang B. The governance effect of the media's news dissemination role: Evidence from insider trading [J]. Journal of Accounting Research, 2015, 53 (2): 331 – 366.

152. Dang C, Li ZF, Yang C. Measuring firm size in empirical corporate finance [J]. Journal of Banking and Finance, 2018, 86 (1): 159 – 176.

153. Das SR, Chen MY. Yahoo! for Amazon: Sentiment extraction from small talk on the Web [J]. Management Science, 2007, 53 (9): 1375 – 1388.

154. Davidson W, Worrell D. The impact of announcements of corporate illegalities on shareholder returns [J]. Academy of Management Journal, 1998, 31 (1): 195 – 200.

155. Dean DH. Consumer reaction to negative publicity effects of corporate reputation, response, and responsibility for a crisis event [J]. Journal of Business Communication, 2004, 41 (2): 192 – 211.

156. Deephouse DL, Newburry W, Soleimani A. The effects of institutional development and national culture on cross-national differences in corporate reputation [J]. Journal of World Business, 2016, 51 (3): 463 – 473.

157. Deephouse DL. Media reputation as a strategic resource: An integration of mass communication and resource-based theories [J]. Journal of Management, 2000, 26 (6): 1091 – 1112.

158. Dickinson B, Hu W. Sentiment analysis of investor opinions on Twitter [J]. Social Networking, 2015, 4 (3): 62 – 71.

159. Djankov S, Mcliesh C, Nenova T, et al. Who owns the media? [J]. Journal of Lawand Economics, 2003, 46 (2): 341 – 382.

160. Donaldson T, Preston LE. The stakeholder theory of the corporation: Concepts, evidence, and implications [J]. Academy of management Review, 1995, 20 (1): 65 – 91.

161. Eberl M, Schwaiger M. Corporate reputation: Disentangling the effects on financial performance [J]. European Journal of Marketing, 2005, 39 (7/8): 838 – 854.

162. Einwiller SA, Carroll CE, Korn K. Under what conditions do the news media influence corporate reputation? The roles of media dependency and need for orientation [J]. Corporate Reputation Review, 2010, 12 (4): 299 – 315.

163. Elliott WB, Grant SM, Rennekamp KM. How disclosure features of corporate social responsibility reports interact with investor numeracy to influence investor judgments [J]. Contemporary Accounting Research, 2014, 34 (3): 1596 – 1621.

164. Engelberg JE, Parsons CA. The causal impact of media in financial markets [J]. Journal of Finance, 2011, 66 (1): 67 – 97.

165. Erevelles S, Roy A, Yip LSC. The universality of the signal theory for prod-

ucts and services [J]. Journal of Business Research, 2001, 52 (2): 175 - 187.

166. Esen E. The role of trust on the relationship between organizational engagement and corporate reputation [J]. Journal of Managementand Economics, 2012, 19 (1): 47 - 58.

167. Fama EF, Fisher L, Jensen MC, et al. The adjustment of stock prices to new information [J]. International Economic Review, 1969, 10 (1): 1 - 21.

168. Fang J, Zhang M. A comparison of the analysis of simple mediating effect of the parametric and nonparametric Bootstrap methods [J]. Journal of Psychological Science, 2013, 36 (3): 722 - 727.

169. Fang L, Peress J. Media coverage and the cross-section of stock returns [J]. Journal of Finance, 2009, 64 (5): 2023 - 2052.

170. Fatma M, Rahman Z, Khan I. Multi-item stakeholder based scale to measure CSR in the banking industry [J]. International Strategic Management Review, 2014, 2 (1): 9 - 20.

171. Ferguson NJ, Philip D, Lam HYT, et al. Media content and stock returns: The predictive power of press [J]. Social Science Electronic Publishing, 2015, 19 (1/1): 1 - 31.

172. Ferry WH. Forms of irresponsibility [J]. Annals of the American Academy of Politicaland Social Science, 1962, 343 (1): 65 - 74.

173. Fischer E, Reuber AR. Social interaction via new social media: (How) can interactions on Twitter affect effectual thinking and behavior? [J]. Journal of Business Venturing, 2011, 26 (1): 1 - 18.

174. Flatt SJ, Harris-Boundy J, Wagner S. CEO succession: A help or hindrance to corporate reputation? [J]. Corporate Reputation Review, 2013, 16 (3): 206 - 219.

175. Fombrun C J, Van Riel CBM. The reputational landscape [J]. Corporate reputation review, 1997, 1 (2): 5 - 13.

176. Fombrun C, Shanley M. What's in a name? Reputation building and corporate strategy [J]. Academy of Management Journal, 1990, 33 (2): 233 - 258.

177. Fombrun CJ, Gardberg N. Who's tops in corporate reputation? [J]. Corporate Reputation Review, 2000, 3 (1): 13 - 17.

178. Fombrun CJ. A world of reputation research, analysis and thinking — building corporate reputation through CSR initiatives: Evolving standards [J]. Corporate Reputation Review, 2005, 8 (1): 7 –12.

179. Freeman R. Strategic management: A stakeholder approach [J]. Cambridge University Press, 1984.

180. Freeman RE, Evan WM. Corporate governance: A stakeholder interpretation [J]. Journal of Behavioral Economics, 1990, 19 (4): 337 –359.

181. Freeman RE, Harrison JS, Wicks AC. Managing for stakeholders: Survival, reputation, and success [M]. Yale University Press, 2007.

182. Freeman RE, Reed DL. Stockholders and stakeholders: A new perspective on corporate governance [J]. California Management Review, 1983, 25 (3): 88 – 106.

183. Garcia D. Sentiment during recessions [J]. Journal of Finance, 2013, 68 (3): 1267 –1300.

184. Gardberg NA, Fombrun CJ. The global reputation quotient project: First steps towards a cross-nationally valid measure of corporate reputation [J]. Corporate Reputation Review, 2002, 4 (4): 303 –307.

185. Gatzert N. The impact of corporate reputation and reputation damaging events on financial performance: Empirical evidence from the literature [J]. European Management Journal, 2015, 33 (6): 485 –499.

186. Gentzkow M, Shapiro JM. Media bias and reputation [J]. Journal of Political Economy, 2006, 114 (2): 280 –316.

187. Gertsen FHM, Riel CBMV, Berens G. Avoiding reputation damage in financial restatements [J]. Long Range Planning, 2006, 39 (4): 429 –456.

188. Godfrey PC, Merrill CB, Hansen JM. The relationship between corporate social responsibility and shareholder value: An empirical test of the risk management hypothesis [J]. Strategic Management Journal, 2009, 30 (4): 425 –445.

189. Goff DC. The relationship among firm size, E/P, and share price anomalies: NASDAQ stocks versus NYSE and AMEX stocks [J]. Journal of Economics and Finance, 1994, 18 (3): 287 –299.

190. Gordon LA, Pound J. Information, ownership structure, and shareholder

voting: Evidence from shareholder-sponsored corporate governance proposals [J]. Journal of Finance, 1993, 48 (2): 697 – 718.

191. Grant AM, Sumanth JJ. Mission possible? The performance of prosocially motivated employees depends on manager trustworthiness [J]. Journal of Applied Psychology, 2009, 94 (4): 927 – 944.

192. Graf-Vlachy L, Oliver AG, Banfield R, et al. Media coverage of firms: Background, integration, and directions for future research [J]. Journal of Management, 2020, 46 (1): 36 – 69.

193. Greening DW, Turban DB. Corporate social performance as a competitive advantage in attracting a quality workforce [J]. Businessand Society, 2000, 39 (3): 254 – 280.

194. Greenwood M. Stakeholder engagement: Beyond the myth of corporate responsibility [J]. Journal of Business Ethics, 2007, 74 (4): 315 – 327.

195. Grinblatt M, Keloharju M. The investment behavior and performance of various investor types: A study of Finland's unique data set [J]. Journal of Financial Economics, 2000, 55 (1): 43 – 67.

196. Groening C, Kanuri VK. Investor reaction to positive and negative corporate social events [J]. Journal of Business Research, 2013, 66 (10): 1852 – 1860.

197. Groening C, Kanuri VK. Investor reactions to concurrent positive and negative stakeholder news [J]. Journal of Business Ethics, 2016, online.

198. Grundy BD, Kim Y. Stock market volatility in a heterogeneous information economy [J]. Journal of Financialand Quantitative Analysis, 2002, 37 (1): 1 – 27.

199. Gupta S, Goldar B. Do stock markets penalize environment-unfriendly behaviour? Evidence from India [J]. Ecological Economics, 2005, 52 (1): 81 – 95.

200. Hall R. The strategic analysis of intangible resources [J]. Strategic Management Journal, 1992, 13 (2): 181 – 195.

201. Hawn O. How media coverage of corporate social responsibility and irresponsibility influences cross-border acquisitions [J]. Strategic Management Journal, 2021, 42 (1): 58 – 83.

202. Hayo B, Neuenkirch M. Do federal reserve communications help predict federal funds target rate decisions? [J]. Journal of Macroeconomics, 2010, 32 (4):

1014 - 1024.

203. Heider F. The psychology of interpersonal relations [J]. The Journal of Marketing, 1958, 56: 322.

204. Heider F. The psychology of interpersonal relations [M]. Psychology Press, 2013.

205. Heinberg M, Ozkaya HE, Taube M, et al. Do corporate image and reputation drive brand equity in India and China? -Similarities and differences [J]. Journal of Business Research, 2017, online.

206. Heinkel R, Kraus A, Zechner J. The effect of green investment on corporate behavior [J]. Journal of Financial and Quantitative Analysis, 2001, 36 (4): 431 -449.

207. Helm S, Tolsdorf J. Howdoes corporate reputation affect customer loyalty in a corporate crisis? [J]. Journal of Contingencies and Crisis Management, 2013, 21 (3): 144 -152.

208. Helm S. Employees' awareness of their impact on corporate reputation [J]. Journal of Business Research, 2011, 64 (7): 657 -663.

209. Helm S. The role of corporate reputation in determining investor satisfaction and loyalty [J]. Corporate Reputation Review, 2007, 10 (1): 22 -37.

210. Herbig P, Milewicz J, Golden J. A model of reputation building and destruction [J]. Journal of Business Research, 1994, 31 (1): 23 -31.

211. Herhausen D, Grewal L, Cummings KH, et al. Complaint de-escalation strategies on social media [J]. Journal of Marketing, 2023, 87 (2): 210 -231.

212. Hericher C, Bridoux F. Employees' emotional and behavioral reactions to corporate social irresponsibility [J]. Journal of Management, 2023, 49 (5): 1533 -1569.

213. Hetze K. Effects on the (CSR) reputation: CSR reporting discussed in the light of signalling and stakeholder perception theories [J]. Corporate Reputation Review, 2016, 19 (3): 1 -16.

214. Hong Y, Andersen ML. The relationship between corporate social responsibility and earnings management: An exploratory study [J]. Journal of Business Ethics, 2011, 104 (4): 461 -471.

215. Huang J, Roberts H, Tan E. The impact of media sentiment on firm risk, corporate investment and financial policies [J]. Social Science Electronic Publishing, 2018.

216. Huberman BA. Predicting the future with social media [J]. Social Science Electronic Publishing, 2010, 7 (2): 492 – 499.

217. Hur WM, Kim H, Woo J. How CSR leads to corporate brand equity: Mediating mechanisms of corporate brand credibility and reputation [J]. Journal of Business Ethics, 2014, 125 (1): 75 – 86.

218. Jain R. Institutional and individual investor preferences for dividends and share repurchases [J]. Journal of Economics and Business, 2007, 59 (5): 406 – 429.

219. Jegadeesh N, Wu D. Word power: A new approach for content analysis [J]. Social Science Electronic Publishing, 2013, 110 (3): 712 – 729.

220. Jensen M, Meckling W. Theory of the firm: Managerial behavior, agency costs and ownership structure [J]. Journal of Financial Economics, 1976, 3 (4): 305 – 360.

221. Jensen MC. Value maximization, stakeholder theory, and the corporate objective function [J]. Business Ethics Quarterly, 2002, 12 (2): 235 – 256.

222. Joe JR, Louis H, Robinson D. Managers' and Investors' responses to media exposure of board ineffectiveness [J]. Journal of Financial and Quantitative Analysis, 2009, 44 (3): 579 – 605.

223. Jones B, Bowd R, Tench R. Corporate irresponsibility and corporate social responsibility: Competing realities [J]. Social Responsibility Journal, 2009, 5 (3): 300 – 310.

224. Jones EE, Davis KE. From acts to dispositions the attribution process In person perception1 [M]. Advances in experimental social psychology. Academic Press, 1965 (2): 219 – 266.

225. Kang E, Ding DK, Charoenwong C. Investor reaction to women directors [J]. Journal of Business Research, 2010, 63 (8): 888 – 894.

226. Kaplan AM, Haenlein M. Users of the world, Unite! The challenges and opportunities of social media [J]. Business Horizons, 2010, 53 (1): 59 – 68.

227. Kelley HH, Michela JL. Attribution theory and research [J]. Annual

Review of Psychology, 1980, 31 (1): 457.

228. Kelley HH. Attribution theory in social psychology [C]. Nebraska symposium on motivation. University of Nebraska Press, 1967.

229. Kelley HH. The processes of causal attribution [J]. American psychologist, 1973, 28 (2): 107.

230. Kietzmann JH, Hermkens K, Mccarthy IP, et al. Social media? Get serious! Understanding the functional building blocks of social media [J]. Business Horizons, 2011, 54 (3): 241 –251.

231. Kim S. What's worse in times of product-harm crisis? Negative corporate ability or negative CSR reputation? [J]. Journal of Business Ethics, 2014, 123 (1): 157 –170.

232. Kim Y. Consumer responses to the food industry's proactive and passive environmental CSR, factoring in price as CSR trade off [J]. Journal of Business Ethics, 2017, 140 (2): 1 –15.

233. Kiousis S, Popescu C, Mitrook M. Understanding influence on corporate reputation: An examination of public relations efforts, media coverage, public opinion, and financial performance from an agenda-building and agenda-setting perspective [J]. Journal of Public Relations Research, 2007, 19 (2): 147 –165.

234. Klassen RD, McLaughlin CP. The impact of environmental management on firm performance [J]. Management Science, 1996, 42 (8): 1199 –1214.

235. Kölbel JF, Busch T, Jancso LM. How media coverage of corporate social irresponsibility increases financial risk [J]. Strategic Management Journal, 2017, 38 (11): 2266 –2284.

236. Koch-Bayram IF, Biemann T. How corporate social (ir) responsibility influences employees' private prosocial behavior: An experimental study [J]. Journal of Business Ethics, 2024, 1 –16.

237. Kosicki GM. Setting the agenda: The mass media and public opinion by Maxwell McCombs [J]. Journalism and Mass Communication Quarterly, 2014, 82 (4): 1004 –1005.

238. Kotha S, Rajgopal S, Rindova V. Reputation building and performance: An empirical analysis of the Top – 50 pure internet firms [J]. European Manage-

ment Journal, 2001, 19 (6): 571 – 586.

239. Kross W. Profitability, earnings announcement time lags, and stock price [J]. Journal of Business Finance and Accounting, 1982, 9 (3): 313 – 328.

240. Kulchina E. Media coverage and location choice [J]. Strategic Management Journal, 2014, 35 (4): 596 – 605.

241. Kulkarni SP. Environmental ethics and information asymmetry among organizational stakeholders [J]. Journal of Business Ethics, 2000, 27 (3): 215 – 228.

242. Kull AJ, Mena JA, Korschun D. A resource-based view of stakeholder marketing [J]. Journal of Business Research, 2016, 69 (12): 5553 – 5560.

243. Laberge Y. Book Review: Audience Economics: Media institutions and the audience marketplace [J]. International Journal on Media Management, 2005, 7 (1 – 2): 89 – 90.

244. Lange D, Lee PM, Dai Y. Organizational reputation: A review [J]. Journal of Management Official Journal of the Southern Management Association, 2011, 37 (1): 153 – 184.

245. Lange D, Washburn NT. Understanding attributions of corporate social irresponsibility [J]. Academy of Management Review, 2012, 37 (2): 300 – 326.

246. Laplume AO, Sonpar K, Litz RA. Stakeholder theory: Reviewing a theory that moves us [J]. Journal of Management, 2008, 34 (6): 1152 – 1189.

247. Ledebur LC. The problem of social cost [J]. American Journal of Economics and Sociology, 1967, 26 (4): 399 – 415.

248. Lee LF, Hutton AP, Shu S. The role of social media in the capital market: Evidence from consumer product recalls [J]. Journal of Accounting Research, 2015, 53 (2): 367 – 404.

249. Lee SY, Carroll CE. The emergence, variation, and evolution of corporate social responsibility in the public sphere, 1980 – 2004: The exposure of firms to public debate [J]. Journal of business ethics, 2011 (104): 115 – 131.

250. Lewellen WG, Badrinath SG. On the measurement of Tobin's q [J]. Journal of Financial Economics, 1997, 44 (1): 77 – 122.

251. Li D, Xin L, Chen X, et al. Corporate social responsibility, media attention and firm value: Empirical research on Chinese manufacturing firms [J].

Quality and Quantity, 2017, 51 (4): 1563 – 1577.

252. Li F. Annual report readability, current earnings, and earnings persistence [J]. Journal of Accounting and Economics, 2008, 45 (2): 221 – 247.

253. Li JJ, Poppo L, Zhou KZ. Relational mechanisms, formal contracts, and local knowledge acquisition by international subsidiaries [J]. Strategic Management Journal, 2010, 31 (4): 349 – 370.

254. Lian FL, Hutton AP, Shu S. The role of social media in the capital market: Evidence from consumer product recalls [J]. Journal of Accounting Research, 2015, 53 (2): 367 – 404.

255. Lin-Hi N, Blumberg I. The power (lessness) of industry self-regulation to promote responsible labor standards: Insights from the Chinese toy industry [J]. Journal of Business Ethics, 2016, 143 (4): 1 – 17.

256. Lin-Hi N, Müller K. The CSR bottom line: Preventing corporate social irresponsibility [J]. Journal of Business Research, 2013, 66 (10): 1928 – 1936.

257. Liu C, Wang SL, Li D. Hidden in a group? Market reactions to multi-violator corporate social irresponsibility disclosures [J]. Strategic Management Journal, 2022, 43 (1): 160 – 179.

258. Logsdon JM, Wood DJ. Business citizenship: From domestic to global level of analysis [J]. Business Ethics Quarterly, 2002, 12 (2): 155 – 187.

259. Love EG, Kraatz M. Failed stakeholder exchanges and corporate reputation: The case of earnings misses [J]. Academy of Management Journal, 2017, 60 (3): 880 – 903.

260. Luo X, Bhattacharya CB. Corporate social responsibility, customer satisfaction, and market Value [J]. Journal of Marketing, 2006, 70 (4): 1 – 18.

261. Ma Y, Xue L. Corporate social irresponsibility: a contingent social media crisis management perspective [J]. Management Decision, 2023, 61 (12): 3717 – 3738.

262. Maresh-Fuehrer MM, Smith R. Social media mapping innovations for crisis prevention, response, and evaluation [J]. Computers in Human Behavior, 2016, 54: 620 – 629.

263. Marin L, Ruiz S, Rubio A. The role of identity salience in the effects of

corporate social responsibility on consumer behavior ［J］. Journal of Business Ethics, 2009, 84 (1): 65 – 78.

264. Marshall A. The principles of economics ［J］. Political Science Quarterly, 2004, 77 (2): 519 – 524.

265. Martinko MJ, Harvey P, Sikora D, et al. Perceptions of abusive supervision: The role of subordinates' attribution styles ［J］. Leadership Quarterly, 2011, 22 (4): 751 – 764.

266. Massad CM, Hubbard M, Newtson D. Selective perception of events ［J］. Journal of Experimental Social Psychology, 1979, 15 (6): 513 – 532.

267. Mayfield A. What is social media? ［J］. Cibmtr Org, 2008.

268. Mcdonald LM, Sparks B, Glendon AI. Stakeholder reactions to company crisis communication and causes ［J］. Public Relations Review, 2010, 36 (3): 263 – 271.

269. Mcmahon TF. From social irresponsibility to social responsiveness: The Chrysler/Kenosha plant closing ［J］. Journal of Business Ethics, 1999, 20 (2): 101 – 111.

270. Mcwilliams A, Siegel D. Corporate social responsibility and financial performance: Correlation or misspecification? ［J］. Strategic Management Journal, 2000, 21 (5): 603 – 609.

271. Mcwilliams A, Siegel D. Event studies in management research: Theoretical and empirical issues ［J］. Academy of Management Journal, 1997, 40 (3): 626 – 657.

272. Meijer MM, Kleinnijenhuis J. News and corporate reputation: Empirical findings from the Netherlands ［J］. Public Relations Review, 2006, 32 (4): 341 – 348.

273. Mellahi K, Frynas JG, Sun P, et al. A review of the nonmarket strategy literature: Toward a multi-theoretical integration ［J］. Journal of Management, 2015, 42 (1): 143 – 173.

274. Miller DL. An introductory guide to event study models ［J］. Journal of Economic Perspectives, 2023, 37 (2): 203 – 230.

275. Miller GS. The press as a watchdog for accounting fraud ［J］. Social Science Electronic Publishing, 2006, 44 (5): 1001 – 1033.

276. Mishra DP, Heide JB, Cort SG. Information asymmetry and levels of agency relationships [J]. Journal of Marketing Research, 1998, 35 (3): 277 –295.

277. Mishra S, Modi SB. Corporate social responsability and shareholder wealth: The role of marketing capability [J]. Journal of Marketing, 2016, 80 (1): 26 –46.

278. Mitchell R, Bernauer T. Empirical research on international environmental policy: Designing qualitative case studies [J]. Journal of Environment and Development, 1998, 7 (1): 4 –31.

279. Mitchell RK, Agle BR, Wood DJ. Toward a theory of stakeholder identification and salience: Defining the principle of who and what really counts [J]. Academy of Management Review, 1997, 22 (4): 853 –886.

280. Moniz A, Jong FD. Classifying the influence of negative affect expressed by the financial media on investor behavior [C]. Information Interaction in Context Symposium. ACM, 2014, 275 –278.

281. Morris RD. Signalling, agency theory and accounting policy choice [J]. Accounting and business Research, 1987, 18 (69): 47 –56.

282. Moskowitz MR. Choosing socially responsible stocks [J]. Business and Society Review, 1972, 1 (1): 71 –75.

283. Muller A, Kräussl R. Doing good deeds in times of need: A strategic perspective on corporate disaster donations [J]. Strategic Management Journal, 2011, 32 (9): 911 –929.

284. Mumford MD, Costanza DP, Connelly MS, et al. Item generation procedures and background data scales: Implications for construct and criterion-related validity [J]. Personal Psychology, 1996, 49 (2): 361 –398.

285. Nardella G, Brammer S, Surdu I. The social regulation of corporate social irresponsibility: Reviewing the contribution of corporate reputation [J]. International Journal of Management Reviews, 2023, 25 (1): 200 –229.

286. Nardella G, Surdu I, Brammer S. What happens abroad, stays abroad? Exploring how corporate social irresponsibility in domestic and international markets influences corporate reputation [J]. Journal of World Business, 2023, 58 (4): 101420.

287. Nguyen TH, Shirai K, Velcin J. Sentiment analysis on social media for

stock movement prediction [J]. Expert Systems with Applications, 2015, 42 (24): 9603 – 9611.

288. Oliveira N, Cortez P, Areal N. Stock market sentiment lexicon acquisition using microblogging data and statistical measures [J]. Decision Support Systems, 2016, 85: 62 – 73.

289. Orlitzky M, Schmidt FL, Rynes SL. Corporate social and financial performance: A meta-analysis [J]. Organization Studies, 2003, 24 (3): 403 – 441.

290. Osagie ER, Wesselink R, Blok V, et al. Individual competencies for corporate social responsibility: A literature and practice perspective [J]. Journal of Business Ethics, 2016, 135 (2): 233 – 252.

291. Ouyang Z, Xu J, Wei J, et al. Information asymmetry and investor reaction to corporate crisis: Media reputation as a stock market signal [J]. Journal of Media Economics, 2018, 30 (2): 82 – 95.

292. Petkova AP, Rindova VP, Gupta AK. No news is bad news: Sensegiving activities, media attention, and venture capital funding of new technology organizations [J]. Organization Science, 2013, 24 (3): 865 – 888.

293. Pfarrer MD, Pollock TG, Rindova VP. A tale of two assets: The effects of firm reputation and celebrity on earnings surprises and investors' reactions [J]. Academy of Management Journal, 2010, 53 (5): 1131 – 1152.

294. Pfouts RW, Hirsch A, Hunt EK. Rational economic Man: A philosophical critique of neo-classical economics [J]. Journal of Economic Issues, 1977, 10 (3): 346 – 353.

295. Philippe D, Durand R. The impact of norm-conforming behaviors on firm reputation [J]. Strategic Management Journal, 2011, 32 (9): 969 – 993.

296. Pirson M, Malhotra D. Foundations of organizational trust: What matters to different stakeholders? [J]. Social Science Electronic Publishing, 2010, 22 (4): 1087 – 1104.

297. Pollock TG, Rindova VP. Media legitimation effects in the market for initial public offerings [J]. Academy of Management Journal, 2003, 46 (5): 631 – 642.

298. Post JE, Griffin JJ. Part vii: Managing reputation: Pursuing everyday excellence: Corporate reputation and external affairs management [J]. Corporate

Reputation Review, 1997, 1 (2): 165 –171.

299. Price JM, Sun W. Doing good and doing bad: The impact of corporate social responsibility and irresponsibility on firm performance [J]. Journal of Business Research, 2017 (80): 82 –97.

300. Raithel S, Schwaiger M. The effects of corporate reputation perceptions of the general public on shareholder value [J]. Strategic Management Journal, 2015, 36 (6): 945 –956.

301. Ramassa P, Fabio CD. Social media for investor relations: A literature review and future directions [J]. International Journal of Digital Accounting Research, 2016, 16 (5): 117 –135.

302. Rauch A, Wiklund J, Lumpkin G, et al. Entrepreneurial orientation and business performance: An assessment of past research and suggestions for the future [J]. Entrepreneurship Theory and Practice, 2009, 33 (3): 761 –787.

303. Renault T. Intraday online investor sentiment and return patterns in the U. S. stock market [J]. Journal of Banking and Finance, 2017 (84): 25 –40.

304. Rhee M, Haunschild PR. The liability of good reputation: A study of product recalls in the U. S. Automobile Industry [J]. Organization Science, 2006, 17 (1): 101 –117.

305. Riahi-Belkaoui A, Pavlik E. Asset management performance and reputation building for large US firms [J]. British Journal of Management, 1991, 2 (4): 231 –238.

306. Rindova VP, Williamson IO, Petkova AP, et al. Being good or being known: An empirical examination of the dimensions, antecedents, and consequences of organizational reputation [J]. Academy of Management Journal, 2005, 48 (6): 1033 –1049.

307. Rishika R, Kumar A, Janakiraman R, et al. The effect of customers' social media participation on customer visit frequency and profitability: An empirical investigation [J]. Information Systems Research, 2013, 24 (1): 108 –127.

308. Rizkiana A, Sari H, Hardjomijojo P, et al. Analyzing the impact of investor sentiment in social media to stock return: Survival analysis approach [C]. IEEE International Conference on Industrial Engineering and Engineering Manage-

ment. IEEE, 2017, 519 – 523.

309. Roberts PW, Dowling GR. Corporate reputation and sustained superior financial performance [J]. Strategic Management Journal, 2002, 23 (12): 1077 – 1093.

310. Rose C, Thomsen S. The impact of corporate reputation on performance: Some Danish evidence [J]. European Management Journal, 2004, 22 (2): 201 – 210.

311. Rozin P, Royzman EB. Negativity bias, negativity dominance, and contagion [J]. Personality and Social Psychology Review, 2001, 5 (4): 296 – 320.

312. Sabherwal S, Sarkar SK, Zhang Y. Do Internet stock message boards influence trading? Evidence from heavily discussed stocks with no fundamental news [J]. Journal of Business Finance and Accounting, 2011, 38 (9 – 10): 1209 – 1237.

313. Scheufele DA, Tewksbury D. Framing, agenda setting, and priming: The evolution of three media effects models [J]. Journal of Communication, 2007, 57 (1): 9 – 20.

314. Schivinski B, Dabrowski D. The effect of social media communication on consumer perceptions of brands [J]. Journal of Marketing Communications, 2016, 22 (2): 189 – 214.

315. Schnietz KE, Epstein MJ. Exploring the financial value of a reputation for corporate social responsibility during a crisis [J]. Corporate Reputation Review, 2005, 7 (4): 327 – 345.

316. Schultz TW. Investment in human capital [J]. The American economic review, 1961, 51 (1): 1 – 17.

317. Schwaiger M. Components and parameters of corporate reputation—An empirical study [J]. Schmalenbach Business Review, 2004, 5 (1): 46 – 71.

318. Shane PB, Spicer BH. Market response to environmental information produced outside the firm [J]. Accounting Review, 1983, 58 (3): 521 – 538.

319. Sharfman M. The construct validity of the Kinder, Lydenberg and Domini social performance ratings data [J]. Journal of Business Ethics, 1996, 15 (3): 287 – 296.

320. Snyder M, Tanke ED, Berscheid E. Social perception and interpersonal behavior: On the self-fulfilling nature of social stereotypes [J]. Journal of Personal-

ity and Social Psychology, 1977, 35 (9): 656 – 666.

321. Spence AM. Time and communication in economic and social interaction [J]. Quarterly Journal of Economics, 1973, 87 (4): 651 – 660.

322. Spicer BH. Investors, corporate social performance and information disclosure: An empirical study [J]. Accounting Review, 1978, 53 (1): 94 – 111.

323. Statman M. Behaviorial finance: Past battles and future engagements [J]. Financial Analysts Journal, 1999, 55 (6): 18 – 27.

324. Stice EK. The market reaction to 10-k and 10-q filings and to subsequent the wall street journal earnings announcements [J]. Accounting Review, 1991, 66 (1): 42 – 55.

325. Stiglitz JE. New perspectives on public finance: Recent achievements and future challenges [J]. Journal of Public Economics, 2002, 86 (3): 341 – 360.

326. Strike VM, Gao J, Bansal P. Being good while being bad: Social responsibility and the international diversification of US firms [J]. Journal of International Business Studies, 2006, 37 (6): 850 – 862.

327. Stuebs M, Sun L. Business reputation and labor efficiency, productivity, and cost [J]. Journal of Business Ethics, 2010, 96 (2): 265 – 283.

328. Sul H K, Dennis A R, Yuan L. Trading on twitter: Using social media sentiment to predict stock returns [J]. Decision Sciences, 2017, 48 (3): 454 – 488.

329. Tan X, Wu X, Zhong X. Corporate social irresponsibility in business: A systematic literature review and future agenda [J]. Management and Organization Review, 2024, 1 – 27.

330. Tang Z, Tang J. Can the media discipline Chinese firms' pollution behaviors? The mediating effects of the public and government [J]. Journal of Management, 2016, 42 (6): 12 – 13.

331. Tetlock PC. Giving content to investor sentiment: The role of media in the stock market [J]. Journal of Finance, 2007, 62 (3): 1139 – 1168.

332. Vallentin S. Governmentalities of CSR: Danish government policy as a reflection of political difference [J]. Journal of Business Ethics, 2015, 127 (1): 33 – 47.

333. Valor C, Antonetti P, Zasuwa G. Corporate social irresponsibility and

consumer punishment: A systematic review and research agenda [J]. Journal of Business Research, 2022 (144): 1218 – 1233.

334. Walker K. A systematic review of the corporate reputation literature: Definition, measurement, and theory [J]. Corporate Reputation Review, 2010, 12 (4): 357 – 387.

335. Walsh G, Beatty SE, Shiu EMK. The customer-based corporate reputation scale: Replication and short form [J]. Journal of Business Research, 2009, 62 (10): 924 – 930.

336. Walsh G, Mitchell VW, Jackson PR, et al. Examining the antecedents and consequences of corporate reputation: A customer perspective [J]. Social Science Electronic Publishing, 2010, 20 (2): 187 – 203.

337. Wang C, Lee MKO, Hua Z. A theory of social media dependence: Evidence from microblog users [J]. Decision Support Systems, 2015, 69 (69): 40 – 49.

338. Wang HM, Yu HK, Chiang CH. Exploring the value relevance of corporate reputation: A fuzzy-set qualitative comparative analysis [J]. Journal of Business Research, 2016, 69 (4): 1329 – 1332.

339. Wang J, Mills R, Roberts M, et al. Trends in recalls of musculoskeletal tissue allografts: Analysis of Food and Drug Administration recall data [J]. Spine Journal, 2002, 2 (5): 76 – 77.

340. Wang J, Ye K. Media coverage and firm valuation: Evidence from China [J]. Journal of Business Ethics, 2015, 127 (3): 501 – 511.

341. Wartick SL. The relationship between intense media exposure and change in corporate reputation [J]. Business and Society, 1992, 31 (1): 33 – 49.

342. Watanabe M. Price volatility and investor behavior in an overlapping generations model with information asymmetry [J]. Journal of Finance, 2008, 63 (1): 229 – 272.

343. Weber RP. Basic content analysis (2nd ed.) [M]. Sage Publications. 1985.

344. Wei J, Ouyang Z, Chen H. Well known or well liked? The effects of corporate reputation on firm value at the onset of a corporate crisis [J]. Strategic Management Journal, 2017, 38 (10): 2103 – 2120.

345. Weigelt K, Camerer C. Reputation and corporate strategy: A review of re-

cent theory and applications [J]. Strategic Management Journal, 1988, 9 (5):
443 – 454.

346. Weiner B. An attributional theory of achievement motivation and emotion
[J]. Psychological review, 1985, 92 (4): 548.

347. Westphal JD, Zajac EJ. The symbolic management of stockholders: Cor-
porate governance reforms and shareholder reactions [J]. Administrative science
quarterly, 1998, 127 – 153.

348. Whetten DA. What constitutes a theoretical contribution? [J]. Academy
of Management Review, 1989, 14 (4): 490 – 495.

349. Williams G, Zinkin J. The effect of culture on consumers' willingness to
punish irresponsible corporate behaviour: Applying Hofstede's typology to the punish-
ment aspect of corporate social responsibility [J]. Business Ethics A European Re-
view, 2010, 17 (2): 210 – 226.

350. Williams RJ, Schnake ME, Fredenberger W. The impact of corporate
strategy on a firm's reputation [J]. Corporate Reputation Review, 2005, 8 (3):
187 – 197.

351. Winfrey FL, Logan JE. Are reputation and power compensating differentials
in CEO compensation? [J]. Corporate Reputation Review, 1998, 2 (1): 61 – 76.

352. Wright DK, Hinson MD. How blogs and social media are changing public
relations and the way it is practiced [J]. Public Relations Journal, 2008, 2 (2):
1 – 22.

353. Wu J. The antecedents of corporate social and environmental irresponsibili-
ty [J]. Corporate Social Responsibility and Environmental Management, 2014, 21
(5): 286 – 300.

354. Xiong G, Bharadwaj S. Asymmetric roles of advertising and marketing ca-
pability in financial returns to news: Turning bad into good and good into great [J].
Journal of Marketing Research, 2013, 50 (6): 706 – 724.

355. Yoo Y, Alavi M. Media and group cohesion: Relative influences on social
presence, task participation, and group consensus [M]. Society for information
management and the management information Systems Research Center, 2001.

356. Yoon Y, Gürhan-Canli Z, Schwarz N. The effect of corporate social respon-

sibility (CSR) activities on companies with bad reputations [J]. Journal of Consumer Psychology, 2018, 16 (4): 377 - 390.

357. Yue QI, Sun D, Business SO, et al. Comparison and enlightenment of measuring of corporate social responsibility—Take the listed corporations in medicine industry as an example [J]. Journal of Management, 2017.

358. Zavyalova A, Pfarrer MD, Reger RK, et al. Managing the message: The effects of firm actions and industry spillovers on media coverage following wrongdoing [J]. Academy of Management Journal, 2012, 55 (5): 1079 - 1101.

359. Zenisek TJ. Corporate social responsibility: A conceptualization based on organizational literature [J]. Academy of Management Review, 1979, 4 (3): 359 - 368.

360. Zhang X, Fuehres H, Gloor PA. Predicting stock market indicators through Twitter "I hope it is not as bad as I fear" [J]. Procedia-Social and Behavioral Sciences, 2011, 26 (26): 55 - 62.

361. Zhao J, Kong F, Wang Y. Self-esteem and humor style as mediators of the effects of shyness on loneliness among Chinese college students [J]. Personality and Individual Differences, 2012, 52 (6): 686 - 690.

362. Zhong X, Chen W, Ren G. The impact of corporate social irresponsibility on emerging-economy firms' long-term performance: An explanation based on signal theory [J]. Journal of Business Research, 2022 (144): 345 - 357.

363. Zhong X, Ren G. Independent and joint effects of CSR and CSI on the effectiveness of digital transformation for transition economy firms [J]. Journal of Business Research, 2023 (156): 113478.

364. Zhu Q, Sarkis J. Relationships between operational practices and performance among early adopters of green supply chain management practices in Chinese manufacturing enterprises [J]. Journal of Operations Management, 2004, 22 (3): 265 - 289.

365. Zyglidopoulos SC, Georgiadis AP, Carroll CE, et al. Does media attention drive corporate social responsibility? [J]. Journal of Business Research, 2012, 65 (11): 1622 - 1627.

366. Zyglidopoulos SC. The impact of accidents on firms' reputation for social performance [J]. Business and Society, 2001, 40 (4): 416 - 441.